数字のプロ・公認会計士がやっている

一生使える Excel エクセル仕事術

望月 実／花房幸範

CCCメディアハウス

装丁・本文デザイン 轡田昭彦＋坪井朋子
カバー写真　　　　©MAKOTO IWASAKI/orion/amanaimages

目 次

まえがき ……………………………………………………………………… 007
    一生使えるエクセル仕事術 ……………………………………………… 007
    アカウンティングファームで学んだ情報共有の技術 ………………… 009
    本書で学べる内容 ………………………………………………………… 011

第1部　ミスを少なく仕事を早く終わらせる Excelの技術

第1章　仕事が早くなる便利なテクニック ………………………… 017
    1 よく使う機能をクイックアクセスツールバーに登録する ………… 018
    2 仕事が早くなるショートカットキー ………………………………… 021
    3 形式を選択して貼り付けるテクニック ……………………………… 026
    4 シートを並べてストレスなく入力する ……………………………… 029
    5 ドロップダウンリストを使って効率的に入力する ………………… 032
    6 多くのシートの中から必要なシートを素早く選択する …………… 036
    7 リボンをたたんで画面を広くする …………………………………… 037

第2章　知っておきたい表示・印刷の基本 ………………………… 039
    1 意外と便利なカメラ機能 ……………………………………………… 040
    2 大きな表を見やすく表示する ………………………………………… 042
    3 大きな表を印刷する時の注意点 ……………………………………… 045
    4 エクセルシートをPDFで保存する …………………………………… 050

5　1円単位で入力し、100万円単位で表示する ……………………… 052
　　　6　複数の図をきれいにまとめるテクニック ………………………… 056

第3章　**ムダな作業を減らすエクセル機能** ……………………………… 061
　　　1　データの入力規則を使ってミスを防ぐ …………………………… 062
　　　2　不要な変更を防ぐシートの保護 …………………………………… 066
　　　3　自動バックアップを1分に設定する ……………………………… 069
　　　4　数式の入っているセルを表示する ………………………………… 070
　　　5　別シートにある数式の参照元を素早く見つける ………………… 073
　　　6　外部ソースへのリンクの処理方法 ………………………………… 075
　　　7　置換を使って不必要なスペースを削除する ……………………… 079

第4章　**データ集計・分析に役立つテクニック** ………………………… 081
　　　1　「条件付き書式」を使って必要なデータを目立たせる …………… 082
　　　2　知っておきたい参照式のポイント ………………………………… 085
　　　3　分析のための数式を一瞬で入力する ……………………………… 091
　　　4　SUMIF関数を使って経費明細を集計する ……………………… 093
　　　5　複数条件での集計にはSUMIFS関数を使う …………………… 097
　　　6　ピボットテーブルを使ってデータを集計する …………………… 102

第2部　**センスを感じさせる資料作成の技術**

第1章　**センスを感じさせる資料の作り方** ……………………………… 109
　　　1　アカウンティングファームの情報共有術 ………………………… 111
　　　　　① 世界標準フォーマットでの資料作成 …………………………… 111
　　　　　② リファレンスを振って上からも下からもデータをつなげる ………… 112
　　　　　③ 情報共有とトレーニング ………………………………………… 116
　　　2　見やすく使いやすい資料の作り方 ………………………………… 119

① データの流れが分かりやすいファイルを作成する ……………… 119
　　　② シート構成図を入れてデータのつながりを明確にする ……… 122
　　　③ 書式はなるべくシンプルに …………………………………………… 123
　　　④ データの出所を記入する ……………………………………………… 125
　　　⑤ フッターにファイル名、シート名を入れる ……………………… 125
　　　⑥ 検索しやすいファイル名をつける ………………………………… 126
　　　⑦ 不要なシートを削除する ……………………………………………… 127
　3 ミスを減らすための工夫 …………………………………………………… 128
　　　① 合計式の1つ手前に「余裕行」「余裕列」を入れる ……………… 129
　　　② タテ計とヨコ計の一致を確かめる ………………………………… 131
　　　③ 数式はなるべくシンプルに …………………………………………… 132
　　　④ 作業リスト、チェックリストを作成する ………………………… 133
　　　⑤ リファレンスを振りながら数字のつながりを確認する ……… 134

第2章　初歩的な関数を使って資料を作成する ……………………… 137
　1 経費精算書の作成 …………………………………………………………… 138
　　　① 設計図を作る …………………………………………………………… 138
　　　② ひな型を作る …………………………………………………………… 139
　　　③ 関数と数式を入力する ………………………………………………… 140
　2 決算推移表・比較表の作成 ……………………………………………… 150
　　　① B/S、P/L推移表を作成するときのポイント …………………… 150
　　　② HLOOKUP関数を使って自動的に比較表を作成する ………… 152

第3部　分かりやすく伝える説明の技術

第1章　なぜコミュニケーションが難しくなったのか ……………… 159
　1 コミュニケーションが難しくなった理由を分析する ……………… 159
　2 暗黙知に頼る日本企業、形式知を重視する外資系企業 ………… 162

3 分かりやすく伝えるための３つのポイント ……………………………… 164

第２章　分かりやすく伝えるための説明の技術　167
1 分かりやすく伝えるための準備　168
　① ターゲットを明確にして必要な情報を厳選する ……………………… 168
　② 構成図を作って伝える内容を整理する ………………………………… 169
　③ 分岐図を描きながら説得力のあるシナリオを考える ………………… 172
　④ 相手がイメージしやすい表現で伝える ………………………………… 176
　⑤ ターゲットに合わせて数字の伝え方を工夫する ……………………… 177
　⑥ 声を出して資料を読む …………………………………………………… 179
　⑦ アウトプットを繰り返しながら情報を吟味する ……………………… 180
2 ［ケーススタディ］月次決算の数字を分かりやすく説明する　182
　① 増減分析による数字のチェック ………………………………………… 183
　② 説明ポイントの抽出 ……………………………………………………… 185
　③ 説明ポイントの裏付け …………………………………………………… 185
　④ リハーサル及び説明資料の作成 ………………………………………… 187
　⑤ 本番 ………………………………………………………………………… 188
3 有名企業のIR資料分析　193
　① ソフトバンク──シンプルなスライドでストーリーを伝える ……… 194
　② 楽天──英語での情報発信に力を入れる ……………………………… 196
　③ 任天堂──内容をテキストで丁寧に説明する ………………………… 198
　④ リクルート──分かりやすい図を使ってビジネスモデルを説明する … 199
　⑤ ローソン──統合報告書で企業価値創造サイクルを説明する ……… 201

あとがき　木を見て森を見る技術 ……………………………………………… 203

まえがき

■一生使えるエクセル仕事術

　私は18年前の1997年に公認会計士の2次試験に合格し、青山監査法人（現PwCあらた監査法人）からキャリアをスタートさせました。青山監査法人では監査やコンサルティングなどの業務を通じて多くのことを学びましたが、その中でもいまだに役立っているのはエクセルを使った仕事術です。当時学んだ会計基準などの知識は陳腐化しましたが、エクセルと説明の技術は今でも十分に通用していますので、一生使える技術といってもよいでしょう。

　それでは最初に、私がどのようにしてエクセル仕事術を身につけたかをお話ししたいと思います。PwC（プライスウォーターハウスクーパース）などのアカウンティングファームでは、プロジェクト単位で仕事を進めていきます。プロジェクトは短くて数日、長くても数カ月で終わってしまうため、割り当てられた仕事を最小限の時間で終わらせなければなりません。仕事の大部分はデータ分析を中心とした作業時間と、分析したデータを分かりやすい資料にまとめた上で、上司やクライアントに説明するコミュニケーションの時間です。そのような中で身につけたのが作業時間とコミュニケーション時間を最小化するエクセル仕事術です（図1）。

■図1　アカウンティングファームで身につけたエクセル仕事術

作業時間	コミュニケーション時間	
ミスを少なく仕事を早くするエクセルの技術	分かりやすい資料を作成する技術	分かりやすく伝える説明の技術

　新入社員（スタッフ）の頃は膨大なデータを分析し資料を作ることが主な仕事であるため、エクセルの本を何冊も買い込んだり、先輩や同僚とエクセルの便利な機能を教えあいながら、ミスを少なく仕事を早くするエクセルの技術を身につけていきました。エクセルの便利な機能を知るたびに「いままで苦労していたのはなんだったんだ！」と思う反面、「エクセルってこんな機能があるんだ。面白いな」という数多くの発見がありました。

　膨大なデータの分析が終わったら、分析した結果を分かりやすい資料にまとめる必要があります。この時に大切となるのは、作成する資料がどのように利用されるかをしっかりと理解した上で、シンプルでロジカルな資料を作成することです。上司から「君の作った資料ごちゃごちゃして分かりにくいな。もっと分かりやすい資料を作れるようになってください」と言われながら何度も資料を修正していくうちに、だんだんとシンプルでロジカルな資料を作るコツが分かってきました。

　資料の作成が終わったら、次はポイントを絞って分かりやすく説明しなければなりません。通常の会社は上司と部下が自社のオフィスで一緒に仕事をすることが多いと思いますが、アカウンティングファームではクライアントの現場で仕事をすることが多く、上司とは週に一度くらいしか会わないことがあります。上司とはメールや電話、ミーティングを通じて情報共有を行うのですが、論点を明確にして短い時間で伝えることができないと、「話をする前にしっかりと準備をして、短い時間で伝えられるようにしてください」と言われてしまいます。

このような経験を積み重ねることによって、相手が必要とする情報を短時間で伝える技術を身につけることができました。プロジェクト単位で仕事を進めていくアカウンティングファームでは、一人一人の社員の頭の中にある情報（暗黙知）を資料という形でアウトプットし、形式知として共有するカルチャーがあり、そのための技術も進んでいます。そこで次は、アカウンティングファームで学んだ情報共有の技術についてお話ししたいと思います。

　ちなみに、PwCとは世界157カ国で208,000人以上のスタッフを擁し、監査や税務、コンサルティングなどの業務を行う国際的な会計事務所（アカウンティングファーム）です。日本ではアカウンティングファームという名称はあまり知られていませんが、組織構造や業務の進め方はコンサルティングファームとほぼ同じだと考えてください。

■アカウンティングファームで学んだ情報共有の技術

　短時間で情報を共有するために一番重要となってくるのは、相手が必要としている情報を厳選して伝えることです。日々の業務を行うために必要な情報は、組織内のポジションによって異なってきます。そこで最初に、プロジェクト単位で仕事を進めていくアカウンティングファームの組織構造を説明した上で、情報を共有するしくみを説明します（図2）。

■図2　アカウンティングファームの情報共有システム

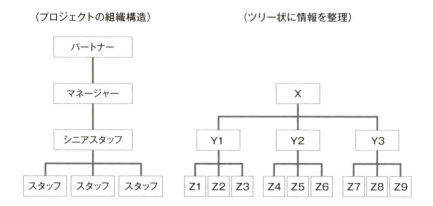

　プロジェクトチームは、プロジェクトリーダーとしてのパートナー、クライアントと交渉などを行うマネージャー、現場をまとめるシニアスタッフ、現場作業員としてのスタッフという4つ階層でチームを作るのが一般的です。現場作業員としてのスタッフは1度に1つのクライアントを担当しますが、シニアスタッフでは2～3、マネージャーは5～8、パートナーは10以上のクライアントを同時に担当することがあります。組織の中で上に行けば行くほど担当クライアント数が増えていくため、必要な情報に短時間でアクセスする仕組みがなければ、仕事が回らなくなってしまいます。

　情報共有を効率的に行うために、アカウンティングファームでは入手した情報を図2のようにツリー状に整理し、必要な情報を瞬時に取り出せるようにしています。最初に現場作業員としてのスタッフが、クライアントのビジネスや財務状況などを分析して、網羅的な情報が記載された資料を作成します。スタッフが作成する資料は図2の「Z1」、「Z2」、「Z3」という一番下の階層の情報と考えてください。

　次に現場をまとめるシニアスタッフは、スタッフが作成した資料をすべて

チェックした上で、「Y1」、「Y2」、「Y3」という要約資料を作成します。ちなみに、スタッフの数が足りないときやスタッフにとって難易度の高い部分についてはシニアスタッフ自ら「Z1」、「Z2」、「Z3」の階層の情報を作成します。その後シニアスタッフは作成した要約資料を使って、マネージャーに分析したクライアント情報を説明します。

その後マネージャーと相談しながら、「Y1」、「Y2」、「Y3」という情報の中から特に重要な部分を「X」という情報に要約してパートナーとディスカッションします。私はPwCに在籍していたときにスタッフやシニアスタッフとして数千ページの資料を作成することによって、情報をツリー状に整理する技術を徹底的に学びました。情報をツリー状に整理するための具体的な方法については、「アカウンティングファームの情報共有術」（111ページ）で説明しています。

■本書で学べる内容

本書は読者のみなさまに「一生使えるエクセル仕事術」を身につけてもらうことを目標とし、「第1部　ミスを少なく仕事を早く終わらせるエクセルの技術」、「第2部　センスを感じさせる資料作成の技術」「第3部　分かりやすく伝える説明の技術」の3部構成となっています（図3）。

■図3　本書で学べる内容

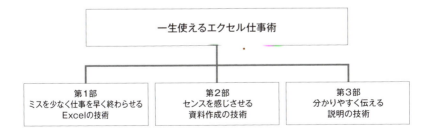

「第1部　ミスを少なく仕事を早く終わらせるExcelの技術」では、エクセル作業を効率的に行うテクニックを説明します。「第1章　仕事が早くなる便利なテクニック」では、ショートカットキーや多くのシートの中から必要なシートを素早く選択する方法などを紹介します。「第2章　知っておきたい表示・印刷の基本」では、思い通りのレイアウトで資料を作成できるカメラ機能、「第3章　ムダな作業を減らすエクセル機能」では置換を使って不必要なスペースを削除する方法、「第4章　データ集計・分析に役立つテクニック」では「条件付き書式」などのデータ集計・分析を効率的に行うためのテクニックを説明します。

「第2部　センスを感じさせる資料作成の技術」では第1部で学んだ知識を応用して、見やすく使いやすい資料の作り方を説明します。エクセルのセンスというのは、高度な関数やマクロを駆使できる技能ではなく、作業プロセスの思考をワークシートの数字の繋がりで表現できる能力の高さから生まれてくると思います。そして表現力の高さは、総合力でもあります。

「第1章　センスを感じさせる資料の作り方」では、情報共有を効率的に行うためのエクセルファイルの作り方を説明します。最初に「アカウンティングファームの情報共有術」を説明した上で、見やすく使いやすい資料の作り方を説明します。「第2章　初歩的な関数を使って資料を作成する」では今までに学んだ知識を使って、経費精算書と決算推移表・比較表を作成します。

「第3部　分かりやすく伝える説明の技術」では、自分の頭の中で考えていることをシンプルでロジカルに伝える方法を説明します。書店のビジネス書のコーナーには、「伝える技術」「話し方入門」「分かりやすく説明する技術」などのコミュニケーションに関する本があふれるようになりました。このような本が売れるようになったのは、コミュニケーションについて悩む人が昔よりも増えたからだと考えられます。そこで、「第1章　なぜコミュニケーションが難しくなったのか」では、コミュニケーションが難しくなった背景

を分析した上で、「分かりやすく伝えるための3つのポイント」について説明します。

多くの方がコミュニケーションを難しいと感じてしまうのは、分かりやすく伝えるための準備方法を知らないからです。そこで「第2章　分かりやすく伝えるための説明の技術」では、説得力のあるシナリオの作り方や経営者に対する月次決算報告のケーススタディ、ソフトバンクの孫正義社長のプレゼンなどを紹介しながら、自分の考えを整理して分かりやすく伝えるための準備方法を説明します。

センスというのは基本をうまく使いこなすことから生まれます。本書は経理社員向けに行った研修をベースとして作成しているため、ある程度の会計知識を必要とする部分もありますが、内容はすべて基本的なものであり、多くのビジネスパーソンのお役に立てると考えています。本書がみなさまのビジネスセンスの向上に少しでも役立てば、著者としてこの上ない喜びを感じます。

　　　　　　　　　　　　　　　　　　公認会計士　望月　実
　　　　　　　　　　　　　　　　　　公認会計士　花房幸範

ご購入の前に必ずお読みください。

本書は「Windows7」パソコンにExcel 2013をインストールして操作方法を解説しています。本書の情報は2015年11月時点の情報に基づいて記載してありますが、ソフトウェアはバージョンアップする場合があり、本書での説明とは機能や画面内容が異なることがあります。本書に記載されている会社名及び商品名は、各社の商標または登録商標です。

第 1 部

ミスを少なく仕事を早く終わらせるExcelの技術

第1章 仕事が早くなる便利なテクニック

　エクセルには多くの機能がありますが、日々の業務に使用する機能は限られるため、よく使う機能をクイックアクセスツールバーに登録したり、必要なショートカットキーを覚えることによって作業スピードを一気に上げることができます。また、ドロップダウンリストの使い方やシートを並べてストレスなく入力する方法を知っていれば、入力作業のスピードを上げることができます。そこで第1章では、仕事が早くなる便利なテクニックを紹介します。

1. よく使う機能をクイックアクセスツールバーに登録する
2. 仕事が早くなるショートカットキー
3. 形式を選択して貼り付けるテクニック
4. シートを並べてストレスなく入力する
5. ドロップダウンリストを使って効率的に入力する
6. 多くのシートの中から必要なシートを素早く選択する
7. リボンをたたんで画面を広くする

1 よく使う機能をクイックアクセスツールバーに登録する

　エクセル2007以降のユーザーインターフェースにはリボン方式が採用され、「ファイル」「ホーム」「表示」「レイアウト」などのタブによって使える機能が制限されるようになりました。初期設定の状態で印刷するためには、「ホーム」から「ファイル」タブに切り替えた上で「印刷」を選択するという面倒な操作が必要となりますが、クイックアクセスツールバーを使えばこの操作を1クリックで済ませることができます。

　クイックアクセスツールバーの右側の▼ボタンを押すと、「クイックアクセスツールバーのユーザー設定」メニューが開きます（図1）。その中の「印刷プレビューと印刷」を選択すると、クイックアクセスツールバーにアイコンが追加され、以後はこのアイコンをクリックするだけで簡単に印刷することができます。

■図1　クイックアクセスツールバーのカスタマイズ

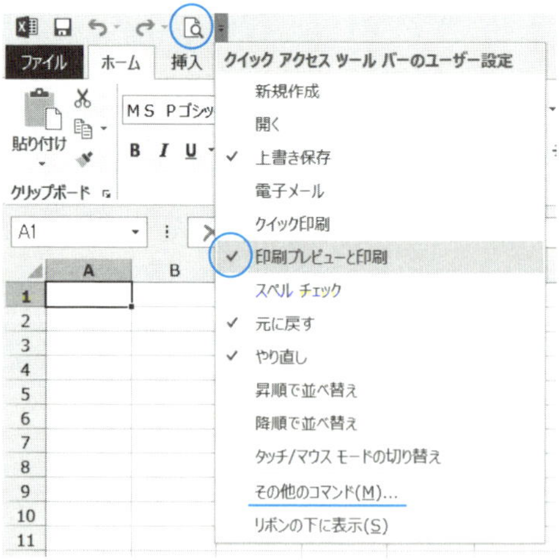

また、「その他のコマンド」を選択すると「エクセルのオプション」ダイアログボックスが表示され、必要な機能をクイックアクセスツールバーに追加することができます（図2）。クイックアクセスツールバーに追加するおすすめの機能としては、後ほど説明する「カメラ機能」、「オブジェクトの選択」、「罫線」などがあります。

　クイックアクセスツールバーのカスタマイズは、エクセルだけではなくワードやパワーポイントなどの他のアプリケーションでも利用できます。私はワードのクイックアクセスツールバーに「ページ番号の挿入」や「図形」などのコマンドを追加することによって、作業の効率化を図っています。

■図2　エクセルのオプション

また、「ホーム」タブ以外のタブの中にあるアイコンでよく使用するものをクイックアクセスツールバーに登録しておくと便利です。登録したいアイコンを右クリックするとショートカットメニューが表示されますので、「クイックアクセスツールバーに追加」を選択します（図3）。

■図3　「レイアウト」タブにある「配置」をクイックアクセスツールバーに追加

2 仕事が早くなるショートカットキー

　エクセルの作業には、コピー&ペースト、行や列の挿入や削除、シートの移動など何度も繰り返す動作があります。何度も繰り返す作業をマウスの右クリックメニューやツールバーから選択していると時間がかかってしまいます。作業時間を短縮するために、① 使用頻度の高いショートカットキー　② 知っておくと便利なショートカットキー　③ Altキーの便利な使い方、の順番で紹介していきます。

① 使用頻度の高いショートカットキー

■図1　使用頻度の高いショートカットキー

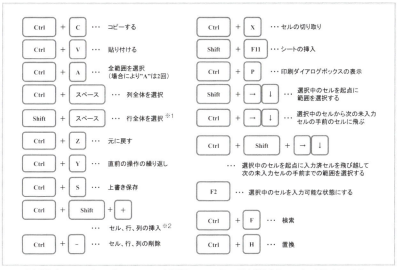

※1　日本語入力システムとして「Microsoft IME」を利用している方は、日本語入力をoffにする必要があります。
※2　キーボードから入力する場合は「Shift」+「Ctrl」+「;」、テンキーから入力する場合は「Ctrl」+「+」となります。

　図1の中では、「Ctrl + Shift + →↓」（選択中のセルを起点に入力済セルを飛び越して次の未入力セルの手前までの範囲を選択する）というショートカットキーの意味が分かりにくいと思いますので、使い方を説明したいと思

います。このショートカットキーを使うと、広い範囲のデータを一瞬で選択することができます（図２）。

■図２ 「Ctrl＋Shift＋→↓」の使い方

	A	B	C	D
1				
2		都道府県	事業所名	売上高
3		東京都	銀座営業所	970
4		茨城県	筑波営業所	1,450
5		東京都	六本木営業所	1,910
6		東京都	東京営業所	2,300
7		茨城県	水戸営業所	1,130
8		青森県	弘前営業所	1,010
9		神奈川県	横浜営業所	1,560
10		北海道	札幌営業所	1,090
11		埼玉県	熊谷営業所	1,530
12		東京都	品川営業所	1,720
13		福島県	郡山営業所	1,050
14		埼玉県	大宮営業所	1,290
15		神奈川県	川崎営業所	1,830
16		岩手県	北上営業所	1,490
17		千葉県	銚子営業所	1,370
18		北海道	小樽営業所	1,330
19		東京都	八王子営業所	1,870
20		神奈川県	葉山営業所	1,600
21		東京都	王子営業所	1,250
22		宮城県	仙台営業所	1,640
23		埼玉県	浦和営業所	1,210
24		群馬県	前橋営業所	1,800
25		栃木県	宇都宮営業所	1,170
26		千葉県	富津営業所	1,680
27				
28				

	A	B	C	D
1				
2		都道府県	事業所名	売上高
3		東京都	銀座営業所	970
4		茨城県	筑波営業所	1,450
5		東京都	六本木営業所	1,910
6		東京都	東京営業所	2,300
7		茨城県	水戸営業所	1,130
8		青森県	弘前営業所	1,010
9		神奈川県	横浜営業所	1,560
10		北海道	札幌営業所	1,090
11		埼玉県	熊谷営業所	1,530
12		東京都	品川営業所	1,720
13		福島県	郡山営業所	1,050
14		埼玉県	大宮営業所	1,290
15		神奈川県	川崎営業所	1,830
16		岩手県	北上営業所	1,490
17		千葉県	銚子営業所	1,370
18		北海道	小樽営業所	1,330
19		東京都	八王子営業所	1,870
20		神奈川県	葉山営業所	1,600
21		東京都	王子営業所	1,250
22		宮城県	仙台営業所	1,640
23		埼玉県	浦和営業所	1,210
24		群馬県	前橋営業所	1,800
25		栃木県	宇都宮営業所	1,170
26		千葉県	富津営業所	1,680
27				
28				

■図３ 集計結果

平均: 1,469　データの個数: 24　合計: 35,250

売上高の数字が記載されている「D3」セルを選択した状態で、「Ctrl＋Shift＋↓」と押すと、売上高の数字が記載されているセルをすべて選択することができます。また、売上高の数字をすべて選択した状態でエクセル画面の右下に出ている集計結果を見ると「データの個数：24」「合計：35,250」と選択した範囲の合計額を計算することができます（図３）。

ちなみに、「Shift＋↓」と押すと選択中のセルの一つ下のセルを選択します。また、「Ctrl＋↓」と押すと選択中のセルから次の未入力セルの一つ手前のセルに飛びます。この２つのショートカットを組み合わせた「Ctrl＋Shift＋↓」と押すと、一続きのデータが入力されているセルをすべて選択することができるため、多くのデータを集計しなければならない時には範囲選択の時間を短縮することができます。

② 知っておくと便利なショートカットキー

■図4　知っておくと便利なショートカットキー

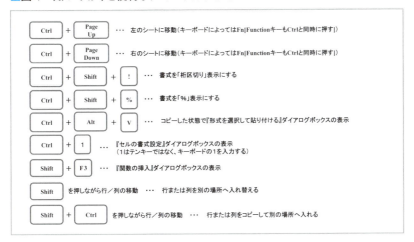

　図4の中では、「Shiftを押しながら行／列の移動」、「Shift + Ctrlを押しながら行／列の移動」という部分が分かりにくいと思いますので説明します。例えば、月次試算表を作成している時に、「当座預金」と「小口現金」の順番を間違えたとします（図5）。そのような時には小口現金の行を選択した上でShiftを押しながら当座預金の行に移動させると、小口現金と当座預金の順番が入れ替わります（図6及び7）。また、Shift + Ctrlを押しながら同じ作業を繰り返すと図8のように小口現金の行が追加されます。

■図5　小口現金と当座預金の順番を間違う

	A	B	C	D
1				
2		勘定科目	集計科目	2012/3
3		現金	現金・預金	80
4		当座預金	現金・預金	1,200
5		小口現金	現金・預金	150
6		普通預金	現金・預金	1,850
7		定期預金	現金・預金	500

■図6　小口現金の行を選択した上でShiftを押しながら当座預金の行に移動させる

■図7　小口現金と当座預金が正しい順番で並ぶ

■図8　小口現金の行が追加される

③ Altキーの便利な使い方

　Altキーを1回押して離すと、クイックアクセスツールバーの部分に数字が、タブの部分にアルファベットが表示され、必要な機能をキーボードから選択することができます。図9の状態で「M」をクリックすると「数式」タブが選択され、「数式」タブのアイコンもキーボードから選択することができます（図10）。

■図9　Altキーを１回押して離す

■図10　「数式」タブを選択

　使えるショートカットキーを増やす一番の近道は、毎日行っている動作をショートカットキーで代替できないかと考えることです。例えばコンピュータをシャットダウンするショートカットキーを知りたい場合はグーグルで「シャットダウン　ショートカットキー」と検索すると見つかります（Win ➡ → ➡ Enter：ウィンドウズキーを押して離すとスタートメニューが表示されます。その後、→ を一度押すとシャットダウンが選択されるため、Enter を押します）。また、マイクロソフトのホームページではアプリケーション別にショートカットキーを紹介していますので、興味のある方は以下のページをご覧になってください。

キーボードショートカットキーの一覧
http://www.microsoft.com/ja-jp/enable/products/keyboard/default.aspx

3 形式を選択して貼り付けるテクニック

　ワードやパワーポイントなどの他のアプリケーションで作った文章をエクセルにコピーするときには、そのまま貼り付けると他のアプリケーションで使っているフォントや文字のサイズを引き継いでしまうため、形式を選択して「テキスト」で貼り付ける必要があります。そこで今回は、そのような作業を簡単に行う方法を説明します。

① 繰り返しを使って貼り付ける

　テキスト形式で貼り付けたいときには、ショートカットキーを使うと便利です。他のアプリケーションを開いた状態でコピーする範囲を選択して「Ctrl+C」と押し、エクセルの貼り付けるセルを選択した状態で「Ctrl+Alt+V」と押すと、「形式を選択して貼り付け」ダイアログボックスが表示されるため、「テキスト」を選択して貼り付けます。

■図1　形式を選択して貼り付け

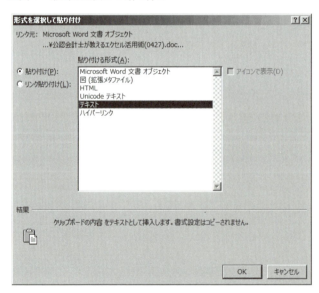

他のアプリケーションの情報をコピーする時には、何カ所も繰り返してテキストで貼り付けることが多いと思います。同じ形式で貼り付ける場合には、一回一回「形式を選択して貼り付け」ダイアログボックスを開いて「テキスト」を選択しなくても、「Ctrl + Y」という「繰り返し」のショートカットキーを使えば前回と同じ形式で貼り付けることができます。

② **クイックアクセスツールバーにアイコンを作る**
　もっと楽に「形式を選択して貼り付け」を行うためには、よく使う貼り付けのパターンをクイックアクセスツールバーに登録しておくのがよいでしょう。「ホーム」タブから「クイックアクセスツールバーのユーザー設定」を選択し、「その他のコマンド」を選択すると、「Excelのオプション」ダイアログボックスが開きます（図2）。

■図2　「Excelのオプション」ダイアログボックス

コマンドの選択から「すべてのコマンド」を選択した上で、下のボックスから「貼り付け先の書式を適用して貼り付けます」を選択し、「追加」ボタンを押した後に、「OK」をクリックします。「貼り付け先の書式の適用」というのは貼り付け先として選択したセルの書式となりますので、他のアプリケーションで使われていたフォントの大きさや色などを気にせずに、エクセルに情報を貼り付けることができます。

③ ショートカットキーを使って素早く入力する
　②の作業を行うとクイックアクセスツールバーに「貼り付け先の書式を適用して貼り付けます」アイコンが表示されます（図3）。このアイコンをマウスでそのままクリックしてもよいのですが、Altキーを1度押して離すと図4のようにクイックアクセスツールバーに対応する数字が表示されます。「貼り付け先の書式を適用して貼り付けます」に対応する数字は「9」ですので、この状態で「9」をクリックすると、エクセルの貼り付け先のセルで設定している書式で貼り付けを行うことができます。

■図3　「貼り付け先の書式を適用して貼り付けます」アイコン

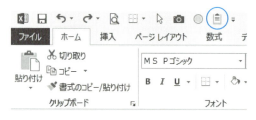

■図4　Altキーを1度押して離す

4 シートを並べてストレスなく入力する

　エクセルで資料を作成していると、同一ファイルの中にある別シートの情報を使いたい時がありますが、入力のたびにシートを切り替えるのは面倒です。そこで今回は、2つのシートを並列表示することによって、ストレスなく入力する方法を説明します。

① 新しいウィンドウを開く

「表示」タブの中にある「新しいウィンドウを開く」をクリックすると、現在表示されているシートと同じシートがもう一枚表示されます（図1）。

■図1　新しいウィンドウを開く

② **ウィンドウを並列表示させる**

「表示」タブの「整列」をクリックすると、「ウィンドウの整列」ダイアログボックスが表示されますので、「並べて表示」を選択して「OK」をクリックします（図2）。

■図2 「並べて表示」を選択する

③ シートを並列表示して入力作業を行う

　同一ブックの同一シートが第1ウィンドウと第2ウィンドウに並列表示されますので、第2ウィンドウに入力に必要なデータが入っているシートを表示します（図3）。第1ウィンドウの中にある「G11」（自己資本の数字を入力すべきセル）に「＝」と入力し、第2ウィンドウの中の「F86」（自己資本の数字が入力されているセル）を選択すれば、必要な情報を簡単に入力することができます。

■図3　シートを並列表示して入力作業

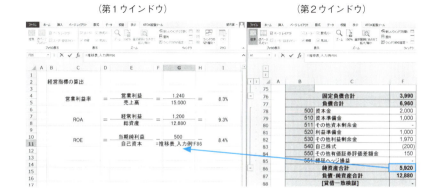

5 ドロップダウンリストを使って効率的に入力する

エクセルでワークシートを作成していると、同じ内容を何度も入力しなければならないことがあります。そのような時にはドロップダウンリストを使えば素早く入力できるだけではなく、いつも同じ文字列で入力されるためミスを防ぐことができます。それでは経費申請書を作成するという前提で、①マスタの作成方法と②ドロップダウンリストの作り方を説明したいと思います。

① マスタの作成方法

1 マスタの作成

ドロップダウンリストを作成するときには事前にマスタを作成し、表示内容を入力しておく必要があります。そこで最初に、figure 1のような立替経費のマスタを作成します。

■図1　立替経費のマスタ

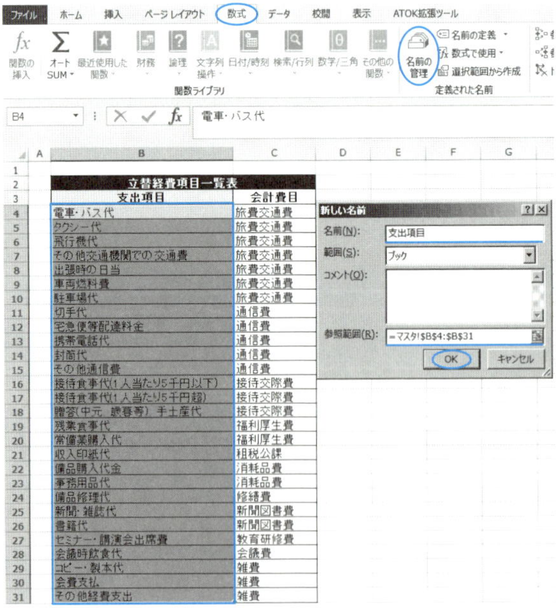

2 ドロップダウンリストに表示したい範囲に名前をつける

　ドロップダウンリストに表示したい範囲（青線で囲まれている「B4」から「B31」セル）を選択します（図1）。次に「数式」タブの「名前の管理」をクリックすると、「名前の管理」ダイアログボックスが開きますので「新規作成」をクリックします。表示された「新しい名前」ダイアログボックスに「支出項目」と入力し「OK」をクリックすると、「名前の管理」ダイアログボックスに戻りますので「閉じる」をクリックします。

3 選択した範囲の確認

　2で入力した選択範囲の確認を行います。まず、任意のセルをクリックして、2で設定した選択範囲を一度解除します。次に名前ボックスの右の部分にある「▼」をクリックすると、今までに登録した選択範囲の名前が表示されます。登録された選択範囲の中から「支出項目」を選択すると、2で設定した範囲が選択されます。

■図2　名前をつけた範囲を確認

　なお、範囲設定を間違えた場合は、「数式」タブの中の「名前の管理」をクリックするか、「Ctrl + F3」というショートカットキーを使うと「名前の管理」ダイアログボックスが表示されますので、そちらから修正を行うことができます。

② ドロップダウンリストの作り方

■1 入力範囲の設定

　ドロップダウンリストを設定したいセルを選択し、「データ」タブの中の「データの入力規則」をクリックし、表示されたメニューの中から「データの入力規則」をクリックします（図3）。

■図3　入力範囲の設定

■2 入力規則の設定

「データの入力規則」ダイアログボックスの中の「入力値の種類」からリストを選択し、「元の値」の部分に先ほど設定したマスタの名前である「＝支出項目」と入れて「OK」をクリックしてください。「＝支出項目」の部分の「＝」は半角で入力する必要があります（図4）。

■図4　データの入力規則

3 ドロップダウンリストからの選択

　セルを選択すると右側に「▼」が出てきます（図5）。「▼」をクリックすると「支出項目」として登録したリストから選択できるようになり、登録した項目以外の内容を直接入力しようとしてもエラーとなり入力できなくなります。もし、思い通りにいかなかった場合は、入力対象のセルを選択した上で「データの入力規則」をクリックすれば、再設定をすることができます。

■図5　ドロップダウンリストからの選択

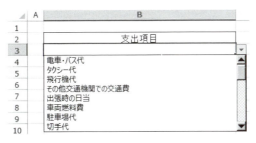

6 多くのシートの中から必要なシートを素早く選択する

多くのシートが含まれているファイルを使って作業をするときには、必要とするシートを探し出すのに時間がかかってしまいます。そのような時には、「シートの選択」を使うと目的のシートに素早く移動することができます。

①「シートの選択」ボックスの表示

シートの左下にあるシートの選択をする矢印の上で右クリックをします（図1）。

■図1　シートの選択ダイアログボックスの表示

② 必要なシートの選択

「シートの選択」ダイアログボックスが表示されますので、必要なシートを選択して、「OK」をクリックします（図2）。ちなみに「OK」をクリックしなくても、選択したシートをダブルクリックすれば選択したシートが表示されます。

■図2　シートの選択

7 リボンをたたんで画面を広くする

ノートパソコンなどの狭い画面で作業を行うときには、リボンを非表示にすると入力範囲が広くなり、効率的に入力作業を行うことができます。

① リボンの非表示

シートの右上にある「∧」をクリックするとリボンが非表示となり、「ファイル」「ホーム」「挿入」などのタブの部分だけが表示されます（図1、図2）。

■図1　リボンの表示

■図2　リボンの非表示

② リボンの再表示

　表示されているタブをクリックするとリボンが表れます。このままの状況では選択したリボンでの作業が終わると、リボンは非表示となります。シートの右上にある「ピン」をクリックすると、図1の状態に戻り、リボンを再表示することができます（図3）。ちなみに、リボンが表示された状態で「Ctrl＋F1」と押すとリボンが非表示となり、リボンが非表示の状態で「Ctrl＋F1」と押すとリボンを再表示することができます。

■図3　リボンの再表示

第2章 知っておきたい表示・印刷の基本

　会社で作成される資料の中には、月次決算推移表のような縦横に大きな表があります。このような表を作成するときには、行と列を同時に固定することによって表を見やすくしたり、印刷設定を適切に行うことにより利用者の負担を減らす気配りが大切となります。また、カメラ機能を使えば、思い通りのレイアウトで資料を作成することができます。そこで第2章では、知っておきたい表示・印刷の基本を説明したいと思います。

1. 意外と便利なカメラ機能
2. 大きな表を見やすく表示する
3. 大きな表を印刷する時の注意点
4. エクセルシートをPDFで保存する
5. 1円単位で入力し、100万円単位で表示する
6. 複数の図をきれいにまとめるテクニック

1 意外と便利なカメラ機能

　エクセルで資料を作成している時に、思い通りのレイアウトができずに困ったことがあるのではないでしょうか。そのような悩みはカメラ機能を使えば解決します。それでは、経費申請書の中に承認者のハンコを押す欄を作るという状況で、カメラ機能の使い方を説明します。

① クイックアクセスツールバーのユーザー設定

　クイックアクセスツールバーにカメラ機能のアイコンを表示させるために、「クイックアクセスツールバーのユーザー設定」の中の「その他のコマンド」を選択します。

② カメラ機能を選択

「コマンドの選択」メニューで「リボンにないコマンド」を選び、一覧の中から、「カメラ」を選択して「追加」を押した後に、「OK」をクリックします（図1）。

■図1　カメラ機能の追加

③ 表示させたいエリアの選択

表示させたいエリアを選択し、カメラボタンをクリックします（図2）。

■図2　表示させたいエリアを選択

④ 画像の貼り付け

撮影した画像を貼り付けたい場所で、マウスをドラッグして貼り付けます。図3を見ると、承認者のハンコを押す欄が行と列のレイアウトと関係なく作られていることが分かると思います。エクセルで資料を作っていると、どうしてもレイアウトがうまくいかないことがありますが、そのようなときにはカメラ機能を使えば思い通りのレイアウトで作成することができます。

■図3　画像の貼り付け

2 大きな表を見やすく表示する

　会社で作成される資料の中には、月次決算推移表のような縦横に長い資料があります。このような資料は画面をスクロールするとタイトル列やタイトル行が見えなくなるという問題が発生しますが、少しの工夫で表を見やすくすることができます。そこで、①ウィンドウ枠の固定　②折りたたみ、の順番で大きな表を見やすく表示する方法を説明します。

① ウィンドウ枠の固定

　月次決算推移表は「行」方向に「2012/4」「2012/5」「2012/6」という年月が記載され、「列」方向に「現金」「小口現金」「当座預金」という勘定科目が記載されています。年月と勘定科目の両方を表示させた状態で画面をスクロールするためには、ウィンドウ枠の行と列を同時に固定する必要があります。行と列を同時に固定するには、表示をしたい行と列がクロスするセル（このシートではD4セル）を選択した上で、「表示」タブの「ウィンドウ枠の固定」をクリックし、表示されたメニューの中の「ウィンドウ枠の固定」を選択します（図1）。

■図1　ウィンドウ枠の固定

② 折りたたみ

■1 折りたたむ列の選択

折りたたみたい列（E～G列）を選択し、「データ」タブの「グループ化」をクリックし、表示されたメニューの中から「グループ化」を選択します（図2）。

■図2　折りたたみたい列を選択

■2 列の折りたたみと表示

グループが設定されました（図3）。「－」ボタンをクリックすると、図4のように設定したグループを折りたたむことができます。なお、シートの右上の部分にある1ボタンを押すとすべてのグループを閉じ、2ボタンを押すとすべてのグループを開くことができます。ちなみに、グループ化の作業はショートカットキーでも行うことができ、「Alt+Shift+→」でグループ化、「Alt+Shift+←」でグループ化の解除となります。

■図3　グループ（開いた状態）

	A	B	C	D	E	F	G	H
1								
2		金額単位:千円						
3		勘定コード	勘定科目	2012-FY	2012/4	2012/5	2012/6	2013-1Q
4		【貸借対照表】						
5		100	現金	80	100	120	132	132
6		101	小口現金	150	150	150	135	135
7		110	当座預金	1,200	1,300	1,226	981	981
8		115	普通預金	1,850	2,000	2,003	1,407	1,407
9		124	定期預金	500	500	500	600	600
10		130	受取手形	280	300	320	416	416
11		131	売掛金	570	600	630	441	441
12		140	商品	240	250	260	247	247
13		141	製品	130	150	170	196	196
14		142	原材料	210	220	230	299	299

■図4　グループ（折りたたんだ状態）

	A	B	C	D	H	I	J	K
1								
2		金額単位:千円						
3		勘定コード	勘定科目	2012-FY	2013-1Q	2012/7	2012/8	2012/9
4		【貸借対照表】						
5		100	現金	80	132	125	163	212
6		101	小口現金	150	135	155	109	82
7		110	当座預金	1,200	981	1,275	1,212	969
8		115	普通預金	1,850	1,407	1,890	1,976	1,881
9		124	定期預金	500	600	612	796	875
10		130	受取手形	280	416	374	431	422
11		131	売掛金	570	441	353	360	252
12		140	商品	240	247	173	169	220
13		141	製品	130	196	235	270	310
14		142	原材料	210	299	389	505	515

3 大きな表を印刷する時の注意点

　大きな表を印刷するときには適切な印刷設定が必要となりますが、一人一人の利用者が設定すると時間がかかってしまうため、他人にファイルを送る時には事前に印刷設定を行っておくのがよいでしょう。それでは、大きな表を印刷するときの印刷設定の注意点を、①印刷タイトルの設定　②フッターの挿入　③拡大縮小印刷　④改ページプレビューで印刷範囲を整える、という順番で説明していきます。

① 印刷タイトルの設定

　月次推移表のような大きな資料を印刷するときには、分割された一枚一枚の印刷物に「2012/4」「2012/5」という年月（タイトル行）と「勘定コード」「勘定科目」などの項目（タイトル列）が印刷されなければ内容を理解することができません。「タイトル行」と「タイトル列」を印刷するために「ページレイアウトタブ」を選択し、「印刷タイトル」をクリックし、「ページ設定」ダイアログボックスを表示します（図1）。

■図1　印刷タイトルの挿入

　次に「ページ設定」ダイアログボックスの中の「シート」タブを選択し、「タイトル行」のボックスをクリックした後で、マウスを使って年月が記載されている「3」の行を選択すると、「タイトル行」のボックスの中に「$3:$3」と表示されます（図2）。同様に「タイトル列」のボックスをクリックした後で、マウスを使って勘定コードと勘定科目が記載されている「B」と「C」の列を選択すると、「タイトル列」のボックスの中に「$B:$C」と表示されます。

■図2　印刷タイトルの設定

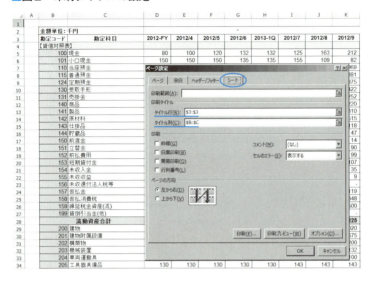

② フッターの挿入

　次は各シートに必要な情報を入力します。「ページ設定」ダイアログボックスの中の「ヘッダー/フッター」タブを選択し、「フッターの編集」ボタンをクリックすると、「フッター」ダイアログボックスが開きます（図3）。右側のボックスを選択した状態で、①ファイル名②シート名③日付④時刻⑤ページ番号⑥総ページ数の順番でクリックすると、ボックスの中に「&[ファイル名]&[シート名] &[日付]&[時刻]&[ページ番号]&[総ページ数]」と表示されます。

　このままの状態では見にくいので、「&[ファイル名]」の後でエンターキーを押して改行、「&[シート名]」の後でエンターキーを押して改行、「&[日付]」の後ろでスペースキーを押して空白を入れ、「&[時刻]」の後で改行します。最後に「ページ数（&[ページ番号]/&[総ページ数]）」と青字部分を入力して「OK」ボタンをクリックすると、シートの右下に図4のように印刷されます。

■図3 「フッター」ダイアログボックス

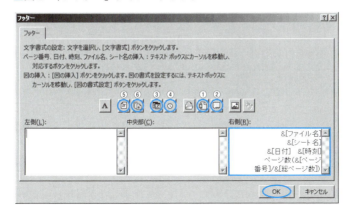

■図4 フッターの表示

※印刷物には右側の（表示例）のように印刷されます。

③ 拡大縮小印刷

　大きなシートをそのまま印刷するとページ数が膨大になってしまいますので、「ページ設定」ダイアログボックスの中の「ページ」タブを選択し、印刷倍率を調整します（図5）。今回の説例で使ったシートは印刷倍率が100％の状態では15ページでしたが、ページ数を減らすために倍率をだんだん下げたところ、60％に下げた時点で6ページにまとめることができました。倍率の調整方法ですが、倍率を少し下げた時点で「印刷プレビュー」をクリックし、どのように印刷されるのかを確認します。このような調整を繰り返し、適切な倍率となった時点で「OK」ボタンをクリックします。

■図5　拡大縮小印刷

④ 改ページプレビューで印刷範囲を整える

　①から③の作業を行うことにより、大きな表をコンパクトに印刷することができました。しかしながら、このままでは貸借対照表や損益計算書という表の中の内容の区切りと、ページの区切りが一致していないため、とても見にくい状態で印刷されてしまいます。そこで、最後に改ページプレビューを使って印刷範囲を整える方法を説明します。「表示」タブの「改ページプレビュー」をクリックすると、図6のようなページの区切りが表示されます。ページ区切りの部分に表示される青い線をマウスを使ってドラッグすることにより、「1ページ」に印刷される印刷範囲を広げたり縮めたりできます。なお、「改ページプレビュー」の横にある「標準」のアイコンをクリックすると、通常のビューに戻ります。

■図6　改ページプレビュー

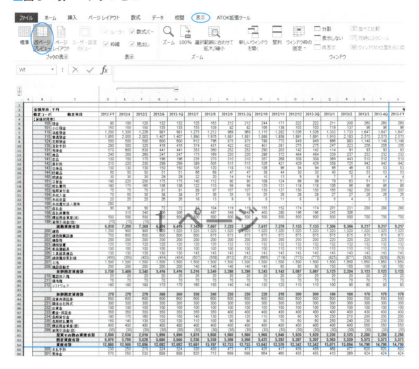

⑤ **印刷**

　印刷範囲の設定が終了したら「Ctrl + P」と押して印刷ウィンドウを立ち上げ、印刷をします。

4 エクセルシートをPDFで保存する

　エクセルシートをPDFで保存すれば、スマートフォンのように相手の端末にエクセルが入っていなくても見ることができますし、シート内容の変更を防ぐこともできます。それでは、エクセルシートをPDFファイルで保存する方法を説明します。

① 印刷設定

　エクセルシートをPDFで保存するときには印刷と同じ状態で保存されるため、印刷プレビューを見ながら印刷設定を行い、見やすい状態に設定します。

② 現在選択しているシートをPDFで保存する

「ファイル」タブから「名前を付けて保存」を選択します。「ファイルの種類」として「PDF」を選択し、「保存」をクリックします（図1）。

③ 複数シートをPDFで保存する

　①と②の作業を通じてPDFファイルとして保存されるのは、現在選択しているシートのみです。複数シートをPDFファイルで保存したいときには、Ctrlキーを押しながらシート見出しをクリックして複数シートを選択した状態で②の作業を行ってください。

■図1　PDF形式で保存

5 1円単位で入力し、100万円単位で表示する

　月次決算資料などを作成しているときには、入力は正確に円単位で行い、表示は100万円単位にして見やすく表示するというように、入力内容と異なる表示ができると便利です。セルの書式設定を工夫すると、そのような表示ができるようになります。そこで今回は、①必要な書式を探す　②ユーザー定義の設定　③日付データを入力するときの注意点、の順番で説明していきます。

① 必要な書式を探す

　入力するセルを選択して右クリックを行うと表示されるメニューの中から「セルの書式設定」を選択すると、「セルの書式設定」ダイアログボックスが表示されます（「Ctrl＋1」でも同じように表示されます）（図1）。分類の中に「数値」「通貨」「日付」などのカテゴリーがあります。まず、こちらのカテゴリーを選択して必要としている書式がないかを調べてみましょう。必要な書式が見つからない場合にはユーザー定義を選択し、必要な書式を作ります。

■図1　ユーザー定義

② ユーザー定義の設定

分類の中から「ユーザー定義」を選択し、種類の中から基本となる「#,##0;-#,##0」を選択します。今後は「#,##0;-#,##0」の部分を変更しながら、必要な表示を作っていくのですが、「#,##0;-#,##0」の部分が分かりにくいと思いますので、最初はユーザー定義の内容を説明していきます。

■図2　ユーザー定義の意味

#,##0;-#,##0

プラスの表示　マイナスの表示

図2の左側の「#,##0」の部分がプラスの書式設定、真ん中の「;」(セミコロン)を挟んで右側の「-#,##0」がマイナスの書式設定となります。プラスの部分を変更するとプラスの表示が、マイナスの部分を変更するとマイナスの表示が変更されます。ちなみに、会計資料を作成していると「0」を「-」と表示したいことがあると思います。この場合は図3のように「;」と「-」を追加すれば、「0」を「-」と表示することができます。

■図3　「0」を「-」と表示

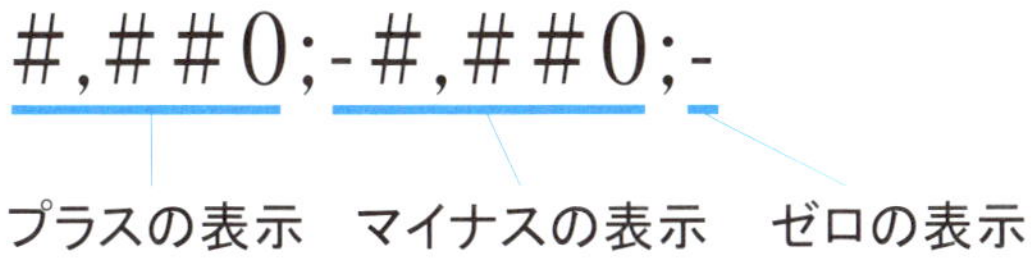

#,##0;-#,##0;-

プラスの表示　マイナスの表示　ゼロの表示

それでは次は、1円単位で入力した数字を100万円単位で表示する方法を説明します。0のすぐ後ろにカンマを一つ「,」入れると1,000円単位で表示、2つ入れると100万円単位で表示されます(図4)。「,」を一つ入れると「0」が3つ省略されると考えてください。

■図4　1円単位で入力した数字を100万円単位で表示

#,##0,,;-#,##0,,;-

プラスの表示　マイナスの表示　ゼロの表示

　図4の状態で「1,000,000」と入力すると「1」と表示されます。また、「-1,654,342」と入力すると「-2」と四捨五入した状態で表示されます。

　最後に、数字の前に「約」という言葉を付けたり、数字の後に「個」「㎡」という言葉を付ける方法を説明します。数字の前に「約」と付けたい場合は文字を半角のダブルクオーテーション「"」で囲みます（図5）。この状態で「4,000」と入力すると「約4,000」と表示されます。数字の後ろに「個」と付けたい場合は図6のように入力します。この状態で「4,000」と入力すると「4,000個」と表示されます。

■図5　数字の前に「約」をつけて表示

"約"#,##0;"約"-#,##0;-

プラスの表示　マイナスの表示　ゼロの表示

■図6　数字の後ろに「個」をつけて表示

#,##0"個";-#,##0"個";-

プラスの表示　マイナスの表示　ゼロの表示

ちなみに、マイナスの表示の中の「-#,##0」を「△#,##0」に変更すれば、「-1,000」と入力すると「△1,000」と表示されます。

③ 日付データを入力するときの注意点

　最後に日付データを入力するときの注意点について説明します。みなさまの中にはエクセルで入力した日付データが勝手に変換されて困った方もいらっしゃるのではないでしょうか。例えば、月次推移表などで2015年3月を表すために「2015/3」と入力すると、勝手に「Mar-15」と変換されます。

　この変換を防ぐ方法は2つあります。一つ目の方法は入力する数字の前に「 ' 」（シングルクオーテーション）を付けて、「'2015/3」と入力する方法です。「'2015/3」と入力すると「2015/3」の部分が文字列として認識され、そのまま「2015/3」と表示されます。もう一つは数字を入力するセルを選択して、「セルの書式設定」ダイアログボックスを開き、「表示形式」の中から「文字列」を選択する方法です。「文字列」を選択したセルには入力した「2015/3」が「日付」ではなく「文字」と認識されますので、そのまま「2015/3」と表示されます。複数の日付データを入力するときには、あらかじめセルの表示形式を「文字列」にしておくと作業が楽になります。

6 複数の図をきれいにまとめるテクニック

　エクセルを使ってフローチャートなどを作成するときには、思い通りに図を配置することができずに困ってしまうこともあるのではないでしょうか。そこで今回は、①矢印キーを使って図を細かく動かす　②配置を使って複数の図をきれいに並べる　③図をグループ化する　④不要な図を素早く削除する、という順番で説明します。

① 矢印キーを使って図を細かく動かす

　図1のようなフローチャートを作成しているときに、「100万円を超えるか否か？」という図の部分を、ほんの少しだけ右に動かしたいとします。通常は「100万円を超えるか否か？」の部分を選択した状態でマウスを使って動かすと思いますが、微妙な調整をマウスで行うのは難しいものです。そのようなときには、図を選択した状態でマウスではなく矢印キーを使うと図を細かく動かすことができ、微妙な位置調整を行うことができます。

■図1　購買業務フロー

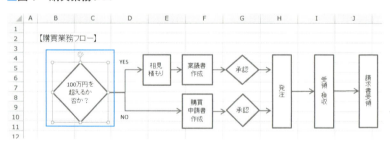

② 配置を使って複数の図をきれいに並べる

　図を作成していると、1列に並べたい図が微妙にずれてしまうことがあります（図2）。そのような時には並べ直したい図を選択した状態で、「ページレイアウト」タブの中の「配置」をクリックし、「上揃え」を選択すると、図3のようにきれいに並べることができます。

■図2　「配置」を使って複数の図をきれいに並べる1

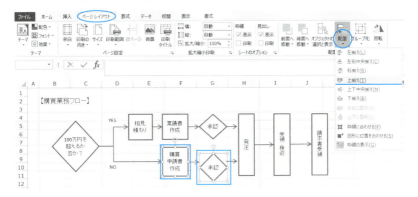

■図3　「配置」を使って複数の図をきれいに並べる2

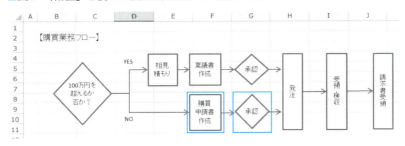

③ 図をグループ化する

1 グループ化するオブジェクトの選択

　最初にグループ化するオブジェクト（図）をすべて選択します。図を選択する方法にはCtrlキーを押しながら図を一つ一つ選択する方法と、「ホーム」タブの「検索と置換」をクリックし、表示されたメニューの中から「オブジェクトの選択」を選択し、マウスを使ってドラッグすることにより、図を一括で選択する方法があります（図4、図5）。ちなみに、「オブジェクトの選択」はとても便利ですので、クイックアクセスツールバーに登録することをおすすめします。

■図4　オブジェクトの選択

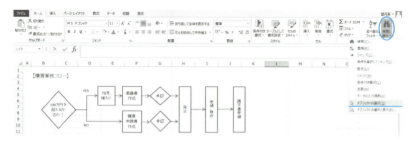

■図5　マウスを使って図を一括で選択

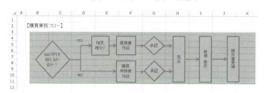

2 図のグループ化を行う

　選択した図の上で右クリックし、表示されたメニューの中から「グループ化」、「グループ化」を選択します（図6）。

■図6　図のグループ化

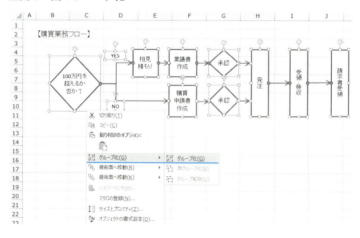

3 図をグループ化することのメリット

　図をグループ化すると、マウスを使ったドラッグによって、オブジェクトの配置を維持したまま図の大きさを変更することができるようになります。図の大きさを変更した場合は図の中に記載されているフォントの大きさも変更する必要がありますが、グループを選択した状態であれば、図の中に使われているフォントも一括で変更することができます（図7）。

■図7　フォントの変更

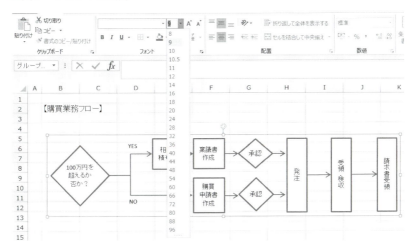

④ 不要な図を素早く削除する

　フローチャートなどを作成していると、不要な部分を削除しなければならないことがありますが、図を一つ一つ選択しながら削除するのは面倒です。そこで、不要な図を一発で削除する方法を紹介します。

1 グループ化の解除及び不要な図の選択

　図がグループ化された状態では不要な部分を削除することはできませんので、選択した図の上で右クリックし、メニューの中から「グループ化」、「グループ化の解除」を選択します。その後「ホーム」タブの「検索と置換」を

クリックし、表示されたメニューの中から「オブジェクトの選択」を選択し、マウスを使って不要な図をドラッグすると、ドラッグされた範囲が選択されます（図8）。

■図8　不要な図を選択

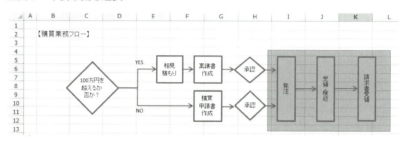

❷不要な図の削除

不要な図を選択した状態でデリートキーを押すと、不要な図が一発で削除されます（図9）。

■図9　不要な図の削除

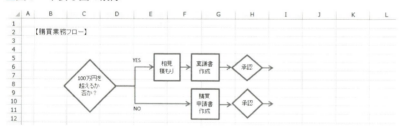

第3章 ムダな作業を減らすエクセル機能

　経費精算書のような多くの人が利用するエクセルファイルでは、ファイルの作成者が想定していない方法で利用者が入力し、思わぬミスが発生してしまうことがあります。そのようなトラブルを防ぐためには、「データの入力規則」や「シートの保護」などを使い、想定していない方法での入力をできないようにしておくのがよいでしょう。また、置換を使って「不必要なスペースを削除する方法」や「外部ソースへのリンクの処理方法」なども知っていると作業時間を短縮することができます。そこで第3章では、ムダな作業を減らすエクセル機能を紹介します。

1. データの入力規則を使ってミスを防ぐ
2. 不要な変更を防ぐシートの保護
3. 自動バックアップを1分に設定する
4. 数式の入っているセルを表示する
5. 別シートにある数式の参照元を素早く見つける
6. 外部ソースへのリンクの処理方法
7. 置換を使って不必要なスペースを削除する

1 データの入力規則を使ってミスを防ぐ

　経費精算書には支出日、支出項目、支出目的、金額などが記載されます。先ほど、支出項目については「ドロップダウンリストを使って効率的に入力する」（32ページ）で、ドロップダウンリストから選択する方法を説明しました。支出日や支出目的、金額などは各社員が個別に入力しなければなりませんが、「データの入力規則」を使えば、入力のミスや手間を減らすことができます。そこで今回は、①日付の入力規則　②初期設定を日本語入力にする　③初期設定を半角英数字にする、という順番で「データの入力規則」の使い方を説明します。

① 日付の入力規則

「2014年4月1日から2015年3月31日までの経費を集計する」というように期間を限定して数字を集計したい場合には、入力規則を使って日付の入力期間を限定するのがよいでしょう。また、年度ごとに資料のひな型を変更するというように、あらかじめ資料の使用期間が決まっている場合にも「データの入力規則」を使って入力できる日付を限定するのが効果的です。

1 「データの入力規則」ダイアログボックスを表示する

　入力規則を設定するセルを選択し、「データ」タブの「データの入力規則」をクリックし、表示されたメニューの中の「データの入力規則」を選択します（図1）。

■図1 「データの入力規則」ダイアログボックスを表示する

2 入力規則を設定する

　最初に「データの入力規則」ダイアログボックスの中の「設定」タブを選択します（図2）。「入力値の種類」から日付を選択し、「次の日から」「次の日まで」に指定したい期間を入力します。このように設定すると指定した日付以外は入力不可能となります。

■図2　入力規則を設定する

3 エラーメッセージの作成

　「エラーメッセージ」のタブを選択し、「タイトル」に「入力期間が間違っています」、「エラーメッセージ」に「2014/4/1から2015/3/31までの期間

を入力してください」と入力し、「OK」をクリックします。

■図3　エラーメッセージの作成

■4 エラーメッセージの表示

　日付以外の文字や設定範囲以外の日付を入力すると、エラーメッセージが表示されます（図4）。

■図4　範囲指定外の日付を入力

② 初期設定を日本語入力にする

　支出目的欄は日本語で入力されるため、入力対象のセルを選択した時点で日本語入力モードになっていた方が便利です。入力するセルを選択した状態で「Alt→D→L」と押すと、「データの入力規則」ダイアログボックスが表

示されます。「データの入力規則」ダイアログボックスの中から「日本語入力」タブを選択し、「日本語入力」の中から「ひらがな」を選択し、「OK」をクリックします。ちなみに、この状態では入力対象セルの初期設定が日本語入力となるだけで、セルに入力する内容を制限しているわけではありません。

■図5　日本語入力を行う場合の入力規則

③ 初期設定を半角英数字にする

　金額欄は数字が入力されるため、入力対象のセルを選択した時点で半角英数字モードになっていた方が便利です。「データの入力規則」ダイアログボックスの中から「日本語入力」タブを選択し、「日本語入力」の中から「半角英数字」を選択し、「OK」をクリックします。ちなみに、この状態では入力対象セルの初期設定が半角英数字となるだけで、セルに入力する内容を制限しているわけではありません。

■図6　半角英数字を入力する場合の入力規則

2 不要な変更を防ぐシートの保護

多くの人が利用するエクセルファイルでは、利用者が作成者の想定していないセルに数字を入力したり、行や列を追加することによって当初意図した機能を果たせなくなることがあります。そこで、想定していないセルへの入力や行や列の追加を防ぐために、「シートの保護」の使い方を説明します。

① 入力を可能にするセルの選択

シートの中で入力を可能にするセルを選択します（図1）。図1では入力が必要な部署、氏名、申請日、支出日、支出目的、支出項目、詳細内容を選択しました。会計費目は支出項目を入れると自動入力される設定のため、選択から外しています。なお、会計費目を入力したら支出項目が自動入力される設定については「第2部 第2章 1 経費精算書の作成」（138ページ）で説明します。

■図1　入力を可能にするセルの選択

② セルの書式設定を行う

　選択したセルの上で右クリックを行うと表示されるメニューの中から「セルの書式設定」を選択します。「セルの書式設定」ダイアログボックスの中の「保護」タブを選択すると、初期設定では「ロック」というチェックボックスにチェックが入っています。入力を可能にしたいセルについては、「ロック」の部分のチェックを外して「OK」をクリックします（図2）。

■図2　ロックのチェックを外す

③ シートの保護

「ホーム」タブの「書式」をクリックし、「シートの保護」を選択します。次に表示された「シートの保護」ダイアログボックスの「シートとロックされたセルの内容を保護する」にチェックが入っていることを確認し、「OK」をクリックします（図3）。シートの保護の解除にパスワードを要求する場合は、「シートの保護を解除するためのパスワード」というボックスにパスワードを入力してください。「このシートのすべてのユーザーに許可する操作」の部分は、初期設定の状態で「ロックされたセル範囲の選択」と「ロックされていないセル範囲の選択」にチェックが入っています。「ロックされたセル範囲の選択」のチェックを外すと、入力可能なセル以外を選択することができなくなります。

■図3　シートの保護

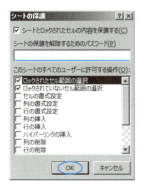

④ エラーメッセージの表示

シートが保護された状態では、入力可能なセル以外に入力しようとすると、図4のようなエラーメッセージが表示されます。

■図4　エラーメッセージ

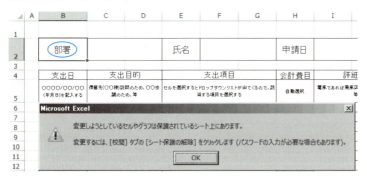

3 自動バックアップを1分に設定する

エクセルを使っていると、固まったり強制終了によって今までに入力したデータをムダにしてしまうことがあります。そのようなリスクを防ぐための自動バックアップの設定方法を説明します。

①「Excelのオプション」ダイアログボックスを表示する

クイックアクセスツールバーの▼をクリックして、「その他のコマンド」を選択すると、「Excelのオプション」ダイアログボックスが表示されます。

② 自動保存の設定を行う

「保存」をクリックして「次の間隔で自動回復用のデータを保存する」の保存間隔を1分に変更して、「OK」をクリックします（図1）。初期設定は10分になっているため直前の作業を回復することができません。そこで私は1分に設定し直すことによって、エクセルが強制終了した時にデータを再入力するムダを防ぐことにしています。

■図1　自動保存

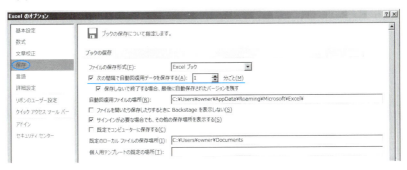

4 数式の入っているセルを表示する

　他人が作ったエクセルファイルに入力するときには、数式が入っているセルに間違って入力してしまうことがあります。そのようなミスを防ぐために、シートの中の数式の入っているセルを表示する方法を説明します。

① ジャンプ機能を使って数式の入っているセルを表示する

1 「ジャンプ」ダイアログボックスの表示

　シートの中の任意のセルを選択して「Ctrl + G」と押すと、「ジャンプ」ダイアログボックスが表示されるので、「セルの選択」をクリックします（図1）。ちなみに、「ジャンプ」ダイアログボックスは「ホーム」タブの「検索と選択」をクリックし、表示されたメニューの中から「ジャンプ」を選択しても表示することができます。

■図1　「ジャンプ」ダイアログボックスの表示

2 数式が表示されているセルの表示

　「選択オプション」ダイアログボックスが開いたら、「数式」を選択して「OK」をクリックすると、数式が入力されているセルが表示されます（図2、図3）。

■図２　選択オプション

■図３　数式の入っているセルの表示

	A	B	C	D
1				
2		棚卸資産評価		
3				
4		商品名	数量(個)	金額(円)
5		商品A	500	25,000
6		商品B	2,000	200,000
7		商品C	1,000	200,000
8		合計		425,000

② 数式を表示する

1 「数式の表示」

「数式」タブの「数式の表示」をクリックすると、セルに入力されている数式が表示されます（図４）。「数式の表示」をもう一度クリックすると、もとの表示に戻ります。

2 「数式の表示」のショートカットキー

「Ctrl + Shift + @」を同時に押しても数式を表示することができます。数式が表示された状態で「Ctrl + Shift + @」を同時に押すと元の表示に戻ります。

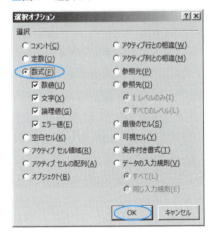

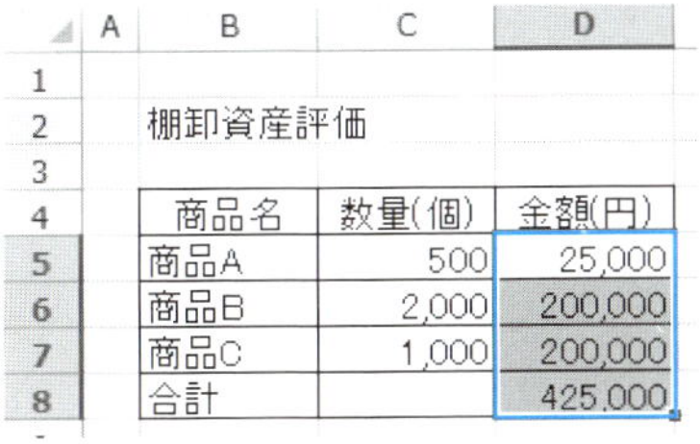

■図4　数式の表示

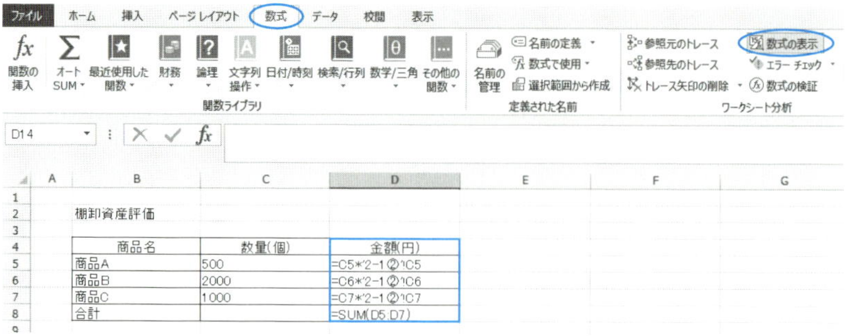

	A	B	C	D	E	F	G
1							
2		棚卸資産評価					
3							
4		商品名	数量(個)	金額(円)			
5		商品A	500	=C5*2-1@^C5			
6		商品B	2000	=C6*2-1@^C6			
7		商品C	1000	=C7*2-1@^C7			
8		合計		=SUM(D5:D7)			
9							

5 別シートにある数式の参照元を素早く見つける

他人が作成したエクセルファイルの数式は分かりづらいものです。数式の参照元が同一シート内であれば分かりやすいのですが、別シートにまたがると解読が難しくなります。そこで、今回は別シートの参照元を素早く見つける方法を説明します。

① 参照元を表示する

「D5」セルを選択すると「数式バー」の中に「C5*2-1②'!C5」という数式が表示されますが、この数式を見ただけでは、どのシートのどのセルを参照しているのかが分かりにくいと思います。そのような時は「数式」タブの「参照元のトレース」をクリックします（図1）。

■図1　参照元のトレース

② 参照しているセルへのジャンプ

「D5」セルには2つの参照元があり、参照元の一つが隣の「C5」セル、もう一つがエクセルのマークで示されている別シート（シート名「2-1②」）となっています（図2）。この状態でエクセルのマークと「D5」セルを結んでいる矢印をダブルクリックすると「ジャンプ」ダイアログボックスが表示されます（図3）。ジャンプボックスの中の移動先のシートを選択し、「OK」ボタンをクリックすると、参照元シートの参照しているセルにジャンプします（図4）。

■図2　参照元の表示

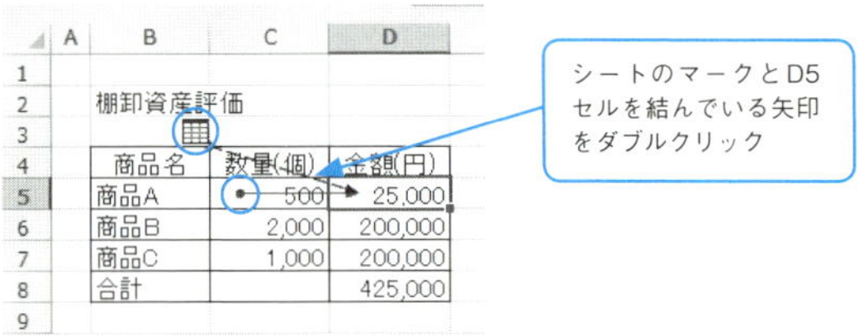

■図3　ジャンプボックスの表示

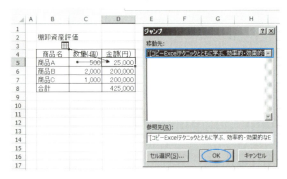

■図4　参照元のシート（シート名「2-1②」）の参照セル（「C5」）へジャンプ

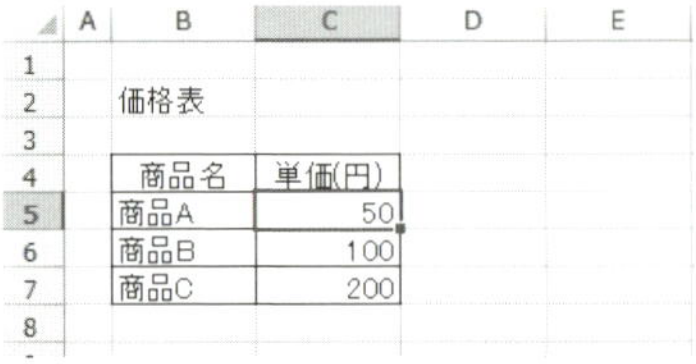

6 外部ソースへのリンクの処理方法

他の人が作成したエクセルのファイルを使っている時に、図1のような外部ソースへのリンクを更新するか否かのメッセージが出てきて困った方もいるのではないでしょうか。このようなメッセージが出てきた場合には、ひとまず「更新しない」をクリックした上でリンク先を探し、適切な処理を行います。

■図1　外部ソースへのリンク

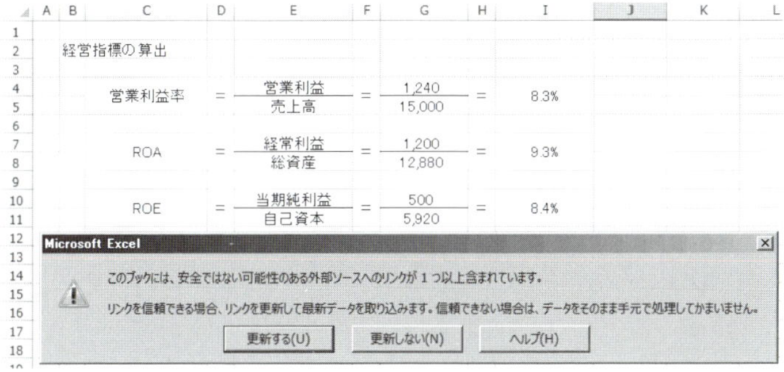

① リンク元を探す
1 検索と置換ダイアログボックスの表示
「Ctrl + F」を押して「検索と置換」ダイアログボックスを表示し、「オプション」をクリックします（図2）。

■図2　検索と置換ダイアログボックス

2 外部ソースへのリンクを探す

外部ソースへのリンクには「='C:¥Users¥owner¥Desktop¥[2012年3月期試算表.xlsx]1-1 (別のブック)'!D3」のように必ず「 [」(角かっこ) が含まれるため、「 [」で検索すれば発見することができます。検索する文字列に「 [」を入力し、検索場所で「ブック」を選択したら、「すべて検索」をクリックします (図3)。

■図3　外部ソースへのリンクを探す

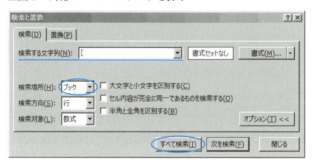

3 外部リンクの表示

「すべて検索」をクリックすると、外部ソースへのリンクがあるシートが表示され、リンクしている1つめのセルが表示されます (図4)。このブックでは34個のセルが外部ソースへリンクしており、「次を検索」をクリックすると、リンクしている2つめのセルが表示されます。

② リンクの処理を行う
1 「リンクの編集」ダイアログボックスの表示

「データ」タブの「リンクの編集」をクリックすると、「リンクの編集」ダイアログボックスが開きますので、「起動時の確認」をクリックします (図5)。

■図4　外部リンクの表示

■図5　「リンクの編集」ダイアログボックスの表示

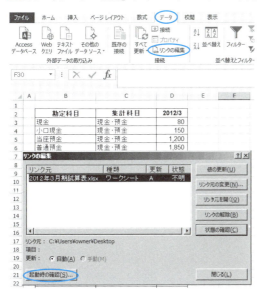

第1部　ミスを少なく仕事を早く終わらせるExcelの技術

2 起動時の処理

「起動時の確認」ダイアログボックスが表示されますので、起動時に毎回更新するか否かを選択する場合は「メッセージを表示するかどうかを選択する」を選びます。起動時に更新を行う必要がないときには「メッセージを表示しないで、リンクの自動更新を行わない」を選びます。毎回自動更新を行う場合は「メッセージを表示しないで、リンクの自動更新を行う」を選び「OK」ボタンをクリックすると、1で説明した「リンクの編集」ダイアログボックスが表示されますので、「閉じる」ボタンをクリックします。

■図6 「起動時の確認」ダイアログボックスの表示

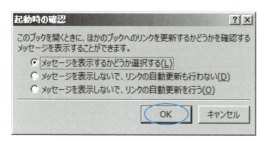

リンクの処理が終了したら、他の処理に影響を与えるのを防ぐため、「検索と置換」ダイアログボックス（P.76 図3）の「検索場所」を「シート」に戻すことをおすすめします。

7 置換を使って不必要なスペースを削除する

月次推移表などの分析資料を作成するときには、会計システムからアウトプットしたデータを使うことも多いと思います。会計システムのデータを使用するときには試算表や科目リストなどをCSV形式で出力し、そのデータを加工するのが一般的ですが、CSV形式で出力されたデータの中には、文字と文字の間、あるいは文字の後ろに不要なスペースが入っていることがあります（図1）。そこで今回は、「置換」機能を使って不必要なスペースを削除する方法を説明します。

■図1　会計システムからデータをアウトプット

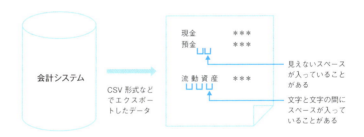

■図2　不必要なスペースの入ったデータ

	A	B	C	D
1				
2				
3		預金	100	
4				
5		流 動 資 産	800	
6				
7				

① 不必要なスペースの入ったデータ

図2のデータの中には「預金」の後に不要な半角のスペースが2つ、「流動資産」の各文字の後に一つずつの不要な半角のスペース（合計4つ）が入っており、「預金」と「流動資産」合計で6つの余分な半角のスペースが入っています。

②「検索と置換」ダイアログボックスの表示

「ホーム」タブの「検索と置換」をクリックし(または「Ctrl + H」)、「検索と置換」ダイアログボックスを表示します(図3)。「置換」タブを選択し、「検索する文字列」の部分に削除したい「半角のスペース」を入れ、「置換後の文字列」の部分には何も入力せずに、「すべて置換」をクリックします。

■図3　不要なスペースを削除する設定

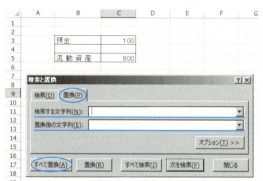

※初期設定では全角と半角のスペースを区別せずに検索する設定となっています。全角と半角を区別する場合は「検索と置換」ダイアログボックスの「オプション」をクリックし、「半角と全角を区別する」という部分のチェックボックスにチェックを入れてください。

③ 不要なスペースの削除

合計6個の半角スペースが削除され、シートから不要な半角スペースがなくなりました。

■図4　置換を使って不要なスペースを削除

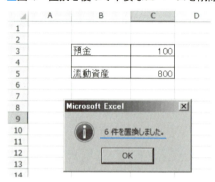

第4章 データ集計・分析に役立つテクニック

　数字に強い人は、多くの数字の中から必要な数字をすぐに見つけることができます。数字に強くなるためには地道なトレーニングが必要となりますが、「条件付き書式」を使えばトレーニングをしなくても必要な数字をすぐに見つけることができます。また、「SUMIF」などの関数やピボットテーブルをうまく使えば、短時間で必要なデータを集計することができます。そこで第4章では、データ集計・分析に役立つテクニックを紹介します。

1. 「条件付き書式」を使って必要なデータを目立たせる
2. 知っておきたい参照式のポイント
3. 分析のための数式を一瞬で入力する
4. SUMIF関数を使って経費明細を集計する
5. 複数条件での集計にはSUMIFS関数を使う
6. ピボットテーブルを使ってデータを集計する

1 「条件付き書式」を使って必要なデータを目立たせる

　時系列で数字を分析するときのポイントは、数字が大きく動いた部分に注目することです。そこで、今回は「条件付き書式」を使って、月次決算推移表の中の数字が大きく動いた（プラスマイナス10％以上変動した）勘定科目を目立たせる方法を説明します。

①「新しいルール」ダイアログボックスを開く

　条件付き書式を設定するセルを選択し、「ホーム」タブの「条件付き書式」をクリックし、「新しいルール」を選択します（図1）。

■図1　「新しいルール」ダイアログボックスを開く

② 新しいルールの作成

　「新しい書式ルール」ダイアログボックスの中の「ルールの種類を選択してください」から「指定の値を含むセルだけを書式設定」を選択します（図2）。その後、「ルール内容を編集してください」部分の「次の値の間以外」を選択し、左側のボックスに「-10％」、右側のボックスに「10％」と入力した後で、「書式」ボタンを押します。

■図2　新しい書式ルールの設定

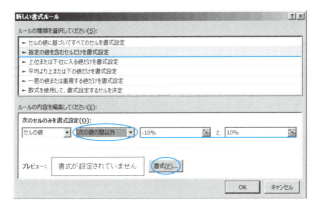

③ 条件を満たした場合の書式を設定

「セルの書式設定」ダイアログボックスの中から「フォント」タブを選択し、文字を太字、文字の色を赤色に設定します（図3）。「OK」ボタンをクリックすると、図2の「新しい書式ルール」ダイアログボックスに戻りますので、もう一度「OK」ボタンをクリックします。

■図3　条件を満たした場合の書式を設定

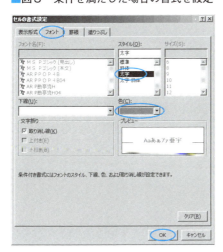

④ 条件を満たした場合の表示

プラスマイナス10%を超えるという条件を満たしたセルが、③で設定した書式で表示されます（図４）。

■図４　条件を満たした場合の表示

F	G	H	I	J	K
					[金額単位：千円]
勘定コード	勘定科目	2013/3	2014/3	増減	増減率
100	現金	260	264	4	2%
101	小口現金	96	76	(19)	-20%

2 知っておきたい参照式のポイント

　参照式のしくみを理解すると、資料の作成時間を大幅に短縮することができます。そこで今回は、①参照式の4パターン　②ショートカットキー　③絶対参照の使い方（基本）　④絶対参照の使い方（応用）　⑤参照式のまとめ、の順番で説明したいと思います。

① 参照式の4パターン

　参照式には**1**相対参照、**2**行列の絶対参照、**3**行は絶対参照、列は相対参照、**4**列は絶対参照、行は相対参照の4パターンがあります。

1 相対参照（例：D1）

「A1」セルに「=D1」と入力します。この場合の「A1」セルを参照先、「D1」セルを参照元といいます。相対参照の状態では「A1」セルの数式を「A2」、「A3」と下方向にコピーすると、参照元も「=D2」、「=D3」と下方向に動きます（図1）。また、「A3」セルの数式を「B3」、「C3」と右方向にコピーすると、参照元も「=E3」、「=F3」と右方向に動きます。このように相対参照では参照先の数式が入っているセルの動きに合わせて、参照元のセルも動いていきます。

■図1　相対参照

	A	B	C	D	E	F
1	=D1					
2	=D2					
3	=D3	=E3	=F3			

2 行列の絶対参照（例：$D$1）

「A1」セルに「=$D$1」と入力します。行と列を絶対参照した状態では、「A1」セルの数式を「A2」「A3」「B3」「C3」とＬ字型にコピーをしても、参照元のセルは「D1」から動きません（図２）。このように行と列を絶対参照した状態では、参照先の数式が入っているセルを動かしても参照元のセルは動きません。

■図２　行列の絶対参照

	A	B	C	D	E	F
1	=$D$1					
2	=$D$1					
3	=$D$1	=$D$1	=$D$1			

3 行は絶対参照、列は相対参照（例：D$1）

「A1」セルに「=D$1」と入力します。行は絶対参照、列は相対参照した状態では、「A1」セルの数式を「A2」、「A3」と下方向にコピーしても、行は絶対参照となっているため参照元は「=D1」から動きません（図３）。また、「A3」セルの数式を「B3」、「C3」と右方向にコピーすると、列は相対参照となっているため参照元は「=E1」、「=F1」と右方向に動きます。

■図３　行は絶対参照、列は相対参照

	A	B	C	D	E	F
1	=D$1					
2	=D$1					
3	=D$1	=E$1	=F$1			

4 列は絶対参照、行は相対参照（例：$D1）

「A1」セルに「=$D1」と入力します。列は絶対参照、行は相対参照した状態では、「A1」セルの数式を「A2」、「A3」と下方向にコピーすると、行は相対参照となっているため参照元も「=D2」、「=D3」と下方向に動きます（図4）。また、「A3」セルの数式を「B3」、「C3」と右方向にコピーしても、列は絶対参照となっているため参照元は「D3」から動きません。

■図4　列は絶対参照、行は相対参照

	A	B	C	D	E	F
1	=$D1					
2	=$D2					
3	=$D3	=$D3	=$D3			

② ショートカットキー

数式が参照するセル（例：D1）を選択した状態で、「F4」キーを1～4回押すと参照式は次のように変化します。

「F4」キーを1回・・・行列の絶対参照（例：$D$1）

「F4」キーを2回・・・行は絶対参照、列は相対参照（例：D$1）

「F4」キーを3回・・・列は絶対参照、行は相対参照（例：$D1）

「F4」キーを4回・・・元に戻る⇒行列の相対参照（例：D1）

---

③ 絶対参照の使い方（基本）

　2014年3月期の資産合計に対する各資産の構成比を計算するという設例で、絶対参照の使い方を説明します（図5）。最初に資産合計に対する現預金の割合を計算します。「D5」セルに「＝」と打ち込んだ後で、マウスで「C5」セルを選択、キーボードから「／」と入力、「C14」セルを選択した時点で「F4」キーを1回押すと図5のように「＝C5/$C$14」と入力されます。

　現預金の構成比を求めるだけなら絶対参照にする必要はありませんが、その後B列にある売掛金や流動資産計などの構成比を出すことを考えると、「D5」の計算式を絶対参照で作成し、計算式を下方向にコピーしていくのが効率的です。

■図5　2014年3月期の構成比を計算する絶対参照

	A	B	C	D	E	F
1						
2			2014年3月期		2015年3月期	
3			金額(千円)	構成比(%)		構成比(%)
4		資産				
5		現預金	100	=C5/$C$14	120	
6		売掛金	500		650	
7		・ ・ ・		数式をコピー		
8		流動資産計	1,200		1,800	
9		建物	1,000		1,300	
10		建物付属設備	500		600	
11		機械装置	300		330	
12		・ ・ ・				
13		固定資産合計	2,800		3,200	
14		資産合計	4,000		5,000	

④ 絶対参照の使い方（応用）

先ほど「D5」セルに「=C5/$C$14」と入力しました。「D5」セルの数式を2014年3月期の構成比を表すD列にコピーしていくと、2014年3月期の資産合計4,000千円に対する各資産の比率を正しく計算することができます。しかしながら、「D5」セルに入力されている「=C5/$C$14」の数式を2015年3月期の構成比を表す「F5」セルにコピーすると、「=E5/$C$14」となってしまい、2015年3月期の構成比を正しく計算することができません（図6）。もちろん、「F5」セルの計算式を「=E5/$E$14」と修正すれば正しい数字を計算することができますが、一手間余分にかかってしまいます。そこで、コピーするだけで2015年3月期の構成比も計算することができる、2014年3月期の構成比を計算する数式を考えてみたいと思います。

■図6　2014年3月期の構成比の数式をそのままコピー

	A	B	C	D	E	F
1						
2			2014年3月期		2015年3月期	
3			金額(千円)	構成比(%)		構成比(%)
4		資産				
5		現預金	100	=C5/$C$14	120	=E5/$C$14
6		売掛金	500		650	
7		⋮				
8		流動資産計	1,200		1,800	
9		建物	1,000		1,300	
10		建物付属設備	500		600	
11		機械装置	300		330	
12		⋮				
13		固定資産合計	2,800		3,200	
14		資産合計	4,000		5,000	

先ほどは「D5」セルに「=C5/$C$14」と入力し「C14」の部分を行方向にも、列方向にも固定しました。しかしながら、「D5」セルの数式は下方向（列方向）にコピーするため、列を固定せずに「=C5/C$14」と入力しても同じ計算結果となります（図7）。また、列は固定していないため、「D5」セルの数式を「F5」セルにコピーすると「=E5/E$14」と数式が自動的に変化し、2015年3月期の構成比も正しく計算することができます。

■図7　2014年3月期と2015年3月期の構成比を同時に計算する絶対参照

	A	B	C	D	E	F
1						
2			2014年3月期		2015年3月期	
3			金額(千円)	構成比(%)		構成比(%)
4		資産				
5		現預金	100	=C5/C$14	120	=E5/E$14
6		売掛金	500		650	
7		・ ・ ・				
8		流動資産計	1,200		1,800	
9		建物	1,000		1,300	
10		建物付属設備	500		600	
11		機械装置	300		330	
12		・ ・ ・				
13		固定資産合計	2,800		3,200	
14		資産合計	4,000		5,000	

⑤ 参照式のまとめ

１ 行列の絶対参照（例：$C$14）

　行も列も固定されるため、必ず「C14」セルを参照しなければならない場合に使います。また、図5で説明したように2014年3月期という一つの列だけを計算する場合は、行列の絶対参照を使っても大丈夫です。

２ 行は絶対参照、列は相対参照（例：C$14）

　行だけが固定されるため、前ページの「④絶対参照の使い方（応用）」で説明したように数式を列方向（縦方向）へコピーし、他の列でも同じ数式を使って構成比を計算したい時などに使用すると便利です。

３ 列は絶対参照、行は相対参照（例：$C14）

　列だけが固定されるため、数式を行方向（横方向）へコピーし、他の行でも同じ数式を使って構成比を計算したい時などに使用すると便利です。

3 分析のための数式を一瞬で入力する

　比較表を作成して数字の増減額や増減率の分析をするときには、分析する数字の横に同じ数式を入力する必要があります。このような場合はマウスで数式を入れたセルをドラッグしてコピーをすると思いますが、コピーをするセルが多いと時間がかかってしまいます。そこで今回は、分析のための数式を一瞬で入力する方法を説明します。

　①現金預金の増減額を計算するために、「G4」セルに「=F4-E4」と入力します。また、増減率を計算するために、「H4」セルに「=G4/E4」と入力します（図1）。次に「G4」セルと「H4」セルを選択した状態で「H4」セルの右下の隅にマウスを使ってポインタを合わせます。ポインタが右下の隅にあった状態では「＋」の形に変形しますので、その状態でダブルクリックします。

■図1　数式の入力1

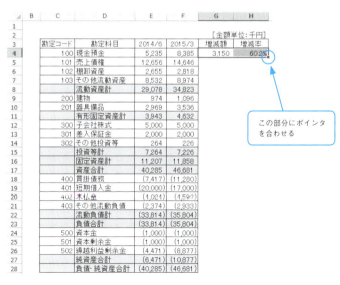

②表の下の部分まで数式が入力されます（図2）。

■図2　数式の入力2

勘定コード	勘定科目	2014/6	2015/3	増減額	増減率
				[金額単位:千円]	
100	現金預金	5,235	8,385	3,150	60.2%
101	売上債権	12,656	14,646	1,990	15.7%
102	棚卸資産	2,655	2,818	163	6.1%
103	その他流動資産	8,532	8,974	443	5.2%
	流動資産計	29,078	34,823	5,744	19.8%
200	建物	974	1,096	122	12.5%
201	器具備品	2,969	3,536	567	19.1%
	有形固定資産計	3,943	4,632	689	17.5%
300	子会社株式	5,000	5,000	0	0.0%
301	差入保証金	2,000	2,000	0	0.0%
302	その他投資等	264	226	(38)	-14.3%
	投資等計	7,264	7,226	(38)	-0.5%
	固定資産計	11,207	11,858	651	5.8%
	資産合計	40,285	46,681	6,395	15.9%
400	買掛債務	(7,417)	(11,280)	(3,863)	52.1%
401	短期借入金	(20,000)	(17,000)	3,000	-15.0%
402	未払金	(4,024)	(4,592)	(568)	14.1%
403	その他流動負債	(2,374)	(2,933)	(559)	23.5%
	流動負債計	(33,814)	(35,804)	(1,990)	5.9%
	負債合計	(33,814)	(35,804)	(1,990)	5.9%
500	資本金	(1,000)	(1,000)	0	0.0%
501	資本剰余金	(1,000)	(1,000)	0	0.0%
502	繰越利益剰余金	(4,471)	(8,877)	(4,406)	98.5%
	純資産合計	(6,471)	(10,877)	(4,406)	68.1%
	負債・純資産合計	(40,285)	(46,681)	(6,395)	15.9%

4 SUMIF関数を使って経費明細を集計する

　経理業務の中には経費明細の数字を集計して、経費明細合計表を作成するというような作業があります。そこで今回は、このような集計作業に便利なSUMIF関数の使い方を説明したいと思います。

① 関数とは

　関数とはエクセルで様々な計算をするためにあらかじめ定義された数式のことで、図1のような構造となります。「=」の後に関数名を入力し、「（　　）」の中に計算を行うために必要な情報を入れていきます。情報は左から順番に第1引数（ひきすう）、第2引数、第3引数とよばれ、引数の数は関数の種類や計算内容によって異なります。SUMIF関数であれば、第1引数が「検索の範囲」、第2引数が「検索条件」、第3引数が「合計金額を集計する範囲」となります。それでは、経費明細の集計作業を行いながら、SUMIF関数の使い方を説明していきます。

■図1　関数の構造

　　　　＝関数名（第1引数，第2引数，第3引数……）
　　　　＝SUMIF（範囲，検索条件，合計範囲）

② SUMIF関数の挿入

　SUMIF関数により集計値を入力する「C18」セルを選択し、「数式」タブから「関数の挿入」を選択します（図2）。表示された「関数の挿入」ダイアログボックスから「SUMIF」を選択し、「OK」をクリックします。なお、「関数名」の部分に「SUMIF」と表示されない時には、「関数の検索」の部分に「sumif」（大文字でも小文字でも結構です）と入力して「検索開始」ボタンをクリックすると、「関数名」の部分に「SUMIF」と表示されます。

ちなみに、「数式タブ」を選択しなくても、常に表示されている「関数の挿入」ボタンをクリックすれば、同じように「関数の挿入」ダイアログボックスを開くことができます。また、「Shift + F3」というショートカットキーでも同様に「関数の挿入」ダイアログボックスを開くことができます。

■図2　SUMIF関数を選択

③ 合計数値の集計

1 範囲の設定

「関数の引数」ダイアログボックスが開きますので、「範囲」の部分に「1. 経費明細書」の勘定科目を入力します（図3）。入力方法としては、「関数の引数」ダイアログボックスの「範囲」の部分をクリックしてアクティブにした状態で、「1. 経費明細」の勘定科目が記載された「G4」から「G13」のセルを選択します。

■図3　SUMIF関数で集計する

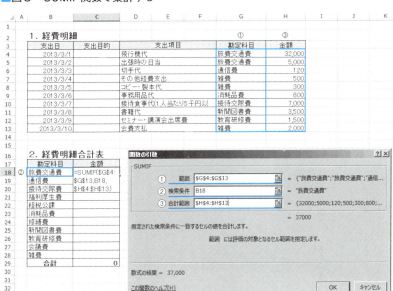

また、「C18」セルに入力した関数は下方向にコピーして使用する予定ですが、現在の状態ではSUMIF関数を下方向にコピーすると、選択範囲も下方向にずれてしまうため、この部分を絶対参照を使ってずれないようにします。「範囲」を入力している時に「F4」キーを1回押すと「$G$4:$G$13」となり、行と列を固定する絶対参照となります。

2 検索条件の設定

「検索条件」の部分に集計すべき項目を入力します。「C18」セルには「旅費交通費」の合計額を集計したいため、経費明細合計表の「B18」セルを選択します。

3 合計範囲の設定

合計範囲には「1．経費明細」の金額が記載された「H4」から「H13」のセルを選択します。こちらも数式のコピーをするときにずれないように、「F4」キーを1回押して絶対参照とします。1から3の入力を行うと「C18」セルには「=SUMIF($G$4:$G$13,B18,$H$4:$H$13)」という関数が入力されます。

4 数式のコピー

「C18」セルを選択し、「C28」セルまで下方向にコピーすると経費明細表が完成します（図4）。

■図4　SUMIF関数を下方向にコピー

	A	B	C	D	E	F	G	H
1								
2		1．経費明細					①	③
3		支出日	支出目的	支出項目			勘定科目	金額
4		2013/3/1		飛行機代			旅費交通費	32,000
5		2013/3/2		出張時の日当			旅費交通費	5,000
6		2013/3/3		切手代			通信費	120
7		2013/3/4		その他経費支出			雑費	500
8		2013/3/5		コピー・製本代			雑費	300
9		2013/3/6		事務用品代			消耗品費	800
10		2013/3/7		接待食事代(1人当たり5千円以)			接待交際費	7,000
11		2013/3/8		書籍代			新聞図書費	3,500
12		2013/3/9		セミナー・講演会出席費			教育研修費	1,500
13		2013/3/10		会費支払			雑費	2,000
14								
15								
16		2．経費明細合計表						
17		勘定科目	金額					
18	②	旅費交通費	37,000					
19		通信費	120					
20		接待交際費	7,000					
21		福利厚生費	0					
22		租税公課	0					
23		消耗品費	800					
24		修繕費	0					
25		新聞図書費	3,500					
26		教育研修費	1,500					
27		会議費	0					
28		雑費	2,800					
29		合計	52,720					

5 複数条件での集計にはSUMIFS関数を使う

　1つの条件を満たした数値を集計する場合には「SUMIF」関数を使いますが、複数の条件を満たした数値を集計する場合はどうするのがよいでしょうか？　そのようなときには「SUMIFS」関数を使うと便利です。そこで販売データの中から「A社」に対する「サーバー」の売上金額を集計するという説例を使って、SUMIFS関数の使い方を説明します。

① SUMIFS関数を選択する

　SUMIFS関数を使って「5月度販売一覧表」からA社に対するサーバー売上の販売金額、消費税、販売累計額を集計したいと思います。最初にSUMIFS関数を入力するセルの前に、検索条件として、「A社」及び「サーバー」と入力します（図1）。SUMIFS関数を入力する「H18」セルを選択し、「関数の挿入ボタン」をクリックし、「関数の挿入」ダイアログボックスを表示します。関数の検索の部分に「sumifs」と入力し、「検索開始」ボタンをクリックすると「SUMIFS」と表示されますので、この関数を選択し、「OK」をクリックします。

■図1　SUMIFS関数を選択する

	A	B	C	D	E	F	G	H	I	J
3					5月度販売一覧表					
4										(単位:円)
5			販売日	販売先	商品名	個数	単価	販売金額	消費税	販売額計
6			5月1日	A社	サーバー	1	100,000	100,000	8,000	108,000
7			5月7日	B社	プリンター	1	50,000	50,000	4,000	54,000
8			5月15日	C社	USBケーブル	3	1,500	4,500	360	4,860
9			5月20日	A社	デスクトップPC	2	70,000	140,000	11,200	151,200
10			5月23日	B社	ディスプレイ	1	35,000	35,000	2,800	37,800
11			5月25日	A社	プリンター	2	50,000	100,000	8,000	108,000
12			5月26日	C社	デスクトップPC	3	70,000	210,000	16,800	226,800
13			5月28日	A社	サーバー	2	100,000	200,000	16,000	216,000
14			5月30日	A社	プリンター	1	50,000	50,000	4,000	54,000
15					5月売上合計			889,500	71,160	960,660

A社　　サーバー

検索条件を入力しておく

関数の挿入

関数の検索(S):
sumifs
検索開始(G)

関数の分類(C): 候補

関数名(N):
SUMIFS
IF
SUMIF

SUMIFS(合計対象範囲,条件範囲,条件,...)
特定の条件に一致する数値の合計を求めます。

この関数のヘルプ　　　OK　キャンセル

② 合計対象範囲の設定

「関数の引数」ダイアログボックスの中の「合計対象範囲」に、集計対象となる販売金額が記載されているセル「H6」～「H14」を選択します（図2）。なお、最初はダイアログボックスに「合計対象範囲」と「条件範囲1」しか出ておらず、複数条件が入力できなさそうですが、1つずつ条件を入力していくと、入力エリアが増えていきます。

■図2　合計対象範囲の設定

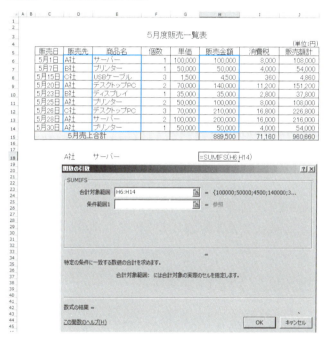

③ 1つ目の検索条件の設定

　最初に1つ目の検索条件が含まれる範囲と条件を設定します。1つ目の条件は販売先ごとの売上金額の集計です（図3）。「条件範囲1」に販売先の会社名が記載されている「D6」～「D14」を選択します。後ほど、「H18」セルに入力した数式を右方向にコピーして消費税と販売額計を計算する予定のため、「F4」キーを1度押して、行列ともに絶対参照とします。

　次に「条件1」に検索条件である「A社」と記載されている「D18」セルを選択し、こちらも「F4」キーを1度押して絶対参照とします。この時点で1つめ目の検索条件であるA社への売上金額が集計され、「590000」となります。

■図3　1つ目の検索条件を設定

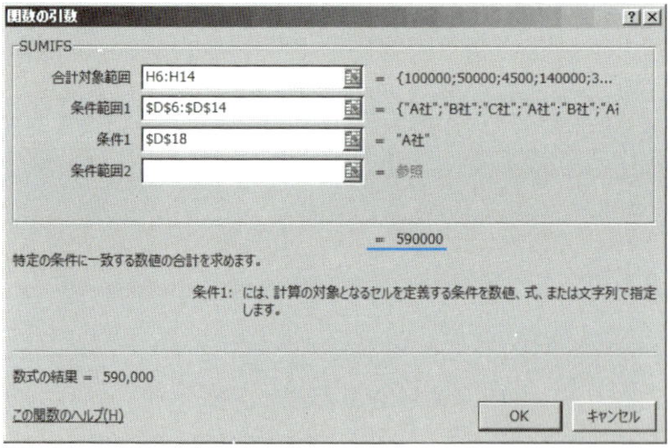

④ 2つ目の検索条件の設定

　2つ目の条件は商品名ごとの売上金額の集計です。「条件範囲2」に商品名が記載されている「E6」～「E14」を選択し、「F4」キーを1度押して、行列ともに絶対参照とします。次に「条件2」に検索条件である「サーバー」と記載されている「E18」セルを選択し、「F4」キーを1度押して、行列ともに絶対参照とします。この時点で、「A社」「サーバー」という2つの検索条件に一致する売上金額が「300000」であることがわかります（図4）。

「関数の引数」ダイアログボックスのスクロールバーをクリックすると、「条件範囲３」「条件３」という入力ボックスが表示されますので、集計のために3つ以上の条件を入力する場合には作業を続けます。条件の入力が全て完了したら、ダイアログボックスの「OK」をクリックすると、集計結果が表されます。これで、「A社」に対する「サーバー」の「販売金額」合計300,000円がセル「H18」に集計されました。数式を右側にコピーすることで、それぞれ「消費税」、「販売額計」の集計値が計算されます（図５）。

図４　２つ目の検索条件を設定

図５　条件に合った集計金額の表示

5月度販売一覧表

(単位:円)

販売日	販売先	商品名	個数	単価	販売金額	消費税	販売額計
5月1日	A社	サーバー	1	100,000	100,000	8,000	108,000
5月7日	B社	プリンター	1	50,000	50,000	4,000	54,000
5月15日	C社	USBケーブル	3	1,500	4,500	360	4,860
5月20日	A社	デスクトップPC	2	70,000	140,000	11,200	151,200
5月23日	B社	ディスプレイ	1	35,000	35,000	2,800	37,800
5月25日	A社	プリンター	2	50,000	100,000	8,000	108,000
5月26日	C社	デスクトップPC	3	70,000	210,000	16,800	226,800
5月28日	A社	サーバー	2	100,000	200,000	16,000	216,000
5月30日	A社	プリンター	1	50,000	50,000	4,000	54,000
5月売上合計					889,500	71,160	960,660
	A社	サーバー			300,000	24,000	324,000

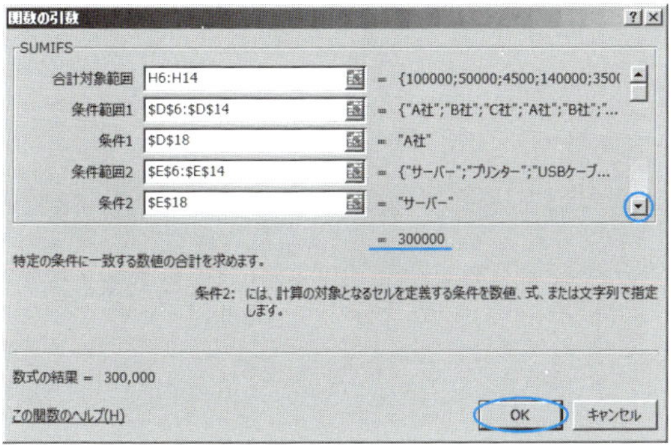

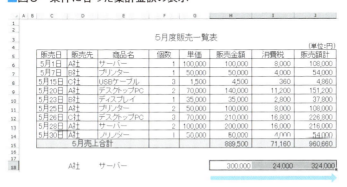

6 ピボットテーブルを使ってデータを集計する

ピボットテーブルを使うと必要なデータを簡単に集計することができます。そこで今回は、ピボットテーブルを使って「5 複数条件での集計にはSUMIFS関数を使う」(97ページ) で使用した「5月度販売一覧表」の売上高を会社別、製品別に集計します。

① 集計する範囲を選択

集計するデータの範囲を選択し、「挿入」タブの「ピボットテーブル」をクリックします (図1)。

■図1　データ範囲の選択

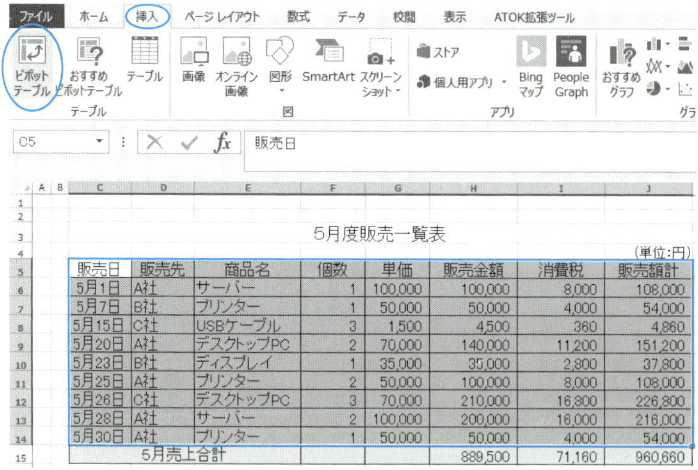

5月度販売一覧表

(単位:円)

販売日	販売先	商品名	個数	単価	販売金額	消費税	販売額計
5月1日	A社	サーバー	1	100,000	100,000	8,000	108,000
5月7日	B社	プリンター	1	50,000	50,000	4,000	54,000
5月15日	C社	USBケーブル	3	1,500	4,500	360	4,860
5月20日	A社	デスクトップPC	2	70,000	140,000	11,200	151,200
5月23日	B社	ディスプレイ	1	35,000	35,000	2,800	37,800
5月25日	A社	プリンター	2	50,000	100,000	8,000	108,000
5月26日	C社	デスクトップPC	3	70,000	210,000	16,800	226,800
5月28日	A社	サーバー	2	100,000	200,000	16,000	216,000
5月30日	A社	プリンター	1	50,000	50,000	4,000	54,000
5月売上合計					889,500	71,160	960,660

② ピボットテーブルの作成

「ピボットテーブルの作成」ダイアログボックスが表示されますので、「OK」をクリックします (図2)。

■図2　ピボットテーブルの作成

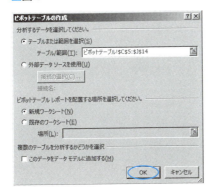

③ フィールドリストの作成

新しいシートが作成され、シートの右側に「ピボットテーブルのフィールド」ダイアログボックスが表示されます（図3）。「レポートに追加するフィールドを選択してください」の部分で、集計のために必要な販売先、商品名、販売金額、消費税、販売額計の部分にチェックを入れます。「ピボットテーブルのフィールドリスト」の入力が終了すると、シート内部に図4のようなピボットテーブルができています。

■図3　ピボットテーブルのフィールド

■図4　ピボットテーブル

	A	B	C	D
3	行ラベル	合計 / 販売金額	合計 / 消費税	合計 / 販売額計
4	⊟A社	590000	47200	637200
5	サーバー	300000	24000	324000
6	デスクトップPC	140000	11200	151200
7	プリンター	150000	12000	162000
8	⊟B社	85000	6800	91800
9	ディスプレイ	35000	2800	37800
10	プリンター	50000	4000	54000
11	⊟C社	214500	17160	231660
12	USBケーブル	4500	360	4860
13	デスクトップPC	210000	16800	226800
14	総計	889500	71160	960660

④ **見やすくするための工夫**

　このままでも大きな問題はないのですが、もっと見やすくするために金額の部分を選択した状態で「桁区切りスタイル」（ショートカットキー「Ctrl+shift+!」）をクリックし、金額を3桁ごとに区切ります（図5）。

■図5　桁区切りを行って金額を見やすくする

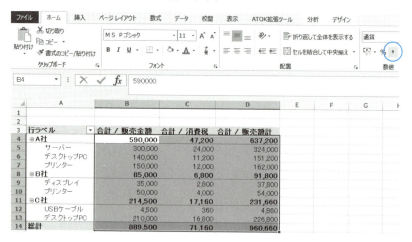

⑤ ドリルダウン

ピボットテーブルには、金額が集計されているセルをダブルクリックすると、その内訳を別シートで表示する「ドリルダウン」という機能があります。A社の売上高590,000円が記載されている「B4」セルをダブルクリックすると、新しいシートが作成され590,000円の内訳が表示されます（図6、図7）。

■図6 「B4」セルをダブルクリック

	A	B	C	D
3	行ラベル	合計 / 販売金額	合計 / 消費税	合計 / 販売額計
4	⊟A社	590,000	47,200	637,200
5	サーバー	300,000	24,000	324,000
6	デスクトップPC	140,000	11,200	151,200
7	プリンター	150,000	12,000	162,000
8	⊟B社	85,000	6,800	91,800
9	ディスプレイ	35,000	2,800	37,800
10	プリンター	50,000	4,000	54,000
11	⊟C社	214,500	17,160	231,660
12	USBケーブル	4,500	360	4,860
13	デスクトップPC	210,000	16,800	226,800
14	総計	889,500	71,160	960,660

■図7 A社売上高の内訳

	A	B	C	D	E	F	G	H
1	販売日	販売先	商品名	個数	単価	販売金額	消費税	販売額計
2	2015/5/1	A社	サーバー	1	100,000	100,000	8,000	108,000
3	2015/5/28	A社	サーバー	2	100,000	200,000	16,000	216,000
4	2015/5/20	A社	デスクトップPC	2	70,000	140,000	11,200	151,200
5	2015/5/30	A社	プリンター	1	50,000	50,000	4,000	54,000
6	2015/5/25	A社	プリンター	2	50,000	100,000	8,000	108,000

第2部

センスを感じさせる資料作成の技術

第1部では「知っておきたい表示・印刷の基本」や「データ集計・分析に役立つテクニック」などの、ミスを少なく仕事を早く終わらせる技術を紹介しました。そこで第2部では、第1部で学んだ内容を使って「センスを感じさせる資料の作り方」と「初歩的な関数を使った資料の作り方」を説明していきます。

第1章 センスを感じさせる資料の作り方

　会社の中には多くのエクセル資料が溢れています。営業であれば売上明細表、経理であれば月次決算推移表、経営企画であれば全社予算というように、エクセルで作成した資料を見ながらミーティングを行うことも多いのではないでしょうか。そのような時に、一人ひとりの社員が独自のセンスでエクセル資料を作成していては、社内に様々な形式のフォーマットが混在し、情報共有に時間がかかってしまいます。

　効率的に情報共有を行うためには、社員一人ひとりのセンスに頼った資料作成ではなく、見やすく使いやすい標準的なフォーマット（ひな型）を作成し、全社員で共有することが必要となります。また、標準的なフォーマットを共有するだけではなく、一人ひとりの社員が見やすく使いやすい資料の作り方を理解することも重要です。見やすく使いやすい資料を作るためのポイントは、大きく分けると次の5つになります。

- 必要十分な情報を厳選して記載する
- シンプルなルールに従って視認性の高い資料を作る
- 数字の計算根拠が分かりやすい
- シート間の数字のつながりが分かりやすい
- ミスが少ない

資料を作成するときに最初に考えなければならないのは、資料を利用する状況を想定しながら意思決定に必要な情報を厳選することです。余分な情報が記載されていると読むのに時間がかかりますし、必要な情報が足りなければ意思決定を行うことができません。そのため、定期的に資料を見直しながら不必要な情報を削除し、必要に応じて情報を付け加えるというアップデートの習慣が大切となります。

　資料に記載する内容が決まったら、次は視認性の高い資料を作る必要があります。エクセルでは自由に書式設定をすることができますが、多くの色や罫線を無秩序に使うと、かえって見づらくなってしまいます。そこで資料を作成するときには、「個別の数字を入力するセルは色をつけない」、「合計数字が記載されるセルにはパステルカラーで色をつける」というようなシンプルでロジカルなルールに従って作成すると、視認性の高い資料を作成することができます。

　また、資料の見た目だけではなく数字の計算過程にも配慮する必要があります。資料はいつまでも同じ人が作るわけではなく、いつかは別の人に作業を引き継がなければなりません。その時に重要となってくるのが論理的で分かりやすいファイル構成です。例えば、「複数シート間で数字をつなげるときには、右から左に数字が流れるようにする」というようなルールを決めておけば、作業の引継ぎをスムーズに行うことができます。

　そこで第1章では、情報共有をスムーズに行うためのポイントと、センスを感じさせる資料の作り方について説明したいと思います。最初に情報共有のポイントを理解していただくために、「**1 アカウンティングファームの情報共有術**」を紹介します。その次は情報共有をスムーズに行うために、「**2 見やすく使いやすい資料の作り方**」を説明します。また、せっかく頑張って資料を作成しても、ミスがあると台無しになってしまいます。そこで最後は「**3 ミスを減らすための工夫**」を紹介したいと思います。

1 アカウンティングファームの情報共有術

　プロジェクト単位で仕事を進めていくアカウンティングファームでは、一人ひとりの社員の頭の中にある情報（暗黙知）を資料という形でアウトプットし、形式知として共有するカルチャーがあり、そのための技術も進んでいます。そこで、アカウンティングファームの情報共有のしくみを、①世界標準フォーマットでの資料作成　②リファレンスを振って上からも下からもデータをつなげる　③情報共有とトレーニング、という順番で説明します。

① 世界標準フォーマットでの資料作成

　私が勤務していた青山監査法人（現PwCあらた監査法人）は、国際的な会計事務所であるプライスウォーターハウスクーパース（PwC）のメンバーファームです。PwCでは、グローバル企業に対する監査業務やコンサルティングなどを世界各地にある会計事務所と協力しながら進めていきます。世界各地の会計事務所が独自のフォーマットで資料を作成していては情報の共有に時間がかかってしまうため、世界共通の標準的なフォーマットに基づいて資料を作成することになります。

　基本となるフォーマットは英語で作られ、そのフォーマットが各国の言葉に翻訳されて使われていきます。フォーマットを統一するために大切なのは、フォーマットから外れた資料を修正していくためのシステムです。PwCでは上司が部下の書いた文章をレビュー（チェック）し、フォーマットから外れている部分を修正するように指示することによって、世界共通のフォーマットで情報共有できるしくみを作り上げています。

　そのようなシステムで仕事を進めていくため、新人が最初に身につけなければならないのは、分析した内容を世界共通のフォーマットに分かりやすくまとめる技術です。先輩が作成した資料を参考にしながら、分析した内容を資料にまとめていくのですが、複雑な内容をシンプルなフォーマットにまと

めるのは難しく、新人の頃はよく休日出勤をして資料を作成したものでした。

　フォーマットに基づいて資料が作成されていれば、膨大な資料の中から短時間で必要な情報を見つけ出すことができます。私がその効果を大きく感じたのは、英語の資料を読まなければならない時でした。たとえ資料が英語で作成してあっても、資料のどの部分に何が書かれているかを事前に理解していれば、短時間で必要な情報を見つけ出すことができます。

　海外の会計事務所と協力しながら業務を行う時には、海外の事務所から英語で100ページを超える資料が送られてくることがあります。英語で100ページを超える資料を頭から読むのは大変ですが、PwCグループでは共通のフォーマットで資料を作成しているため、文書の最初にあるインデックス（目次）を読めば、短時間で必要な情報にたどり着くことができます。私は英語の資料を読むときには最初にインデックスに目を通し、読まなければならない部分にポストイットをどんどん貼っていきました。その後時間のあるときに、ポストイットを1枚1枚はがしながら必要な部分を読んでいきました。

　このような経験からグローバルなコミュニケーションでは、フォーマットがとても重要だと感じるようになりました。日本人同士であれば以心伝心で伝わる部分も多いのですが、文脈と価値観が異なる外国人とコミュニケーションを取るためには、混乱や誤解を少なくするために世界共通のフォーマットを使ってシステマティックにコミュニケーションする必要があります。逆に考えると、自分の頭の中にある考えをシンプルでロジカルなフォーマットにまとめていくうちに、世界で通用するロジカルシンキングも身につくという大きなメリットがありました。

② リファレンスを振って上からも下からもデータをつなげる

　まえがきの中で、「アカウンティングファームでは情報をツリー状に整理することによって、必要な情報をすぐに取り出せるようにしている」という

お話をしました（図1）。必要な情報をすぐに取り出せるようにするためには、「X→Y→Z」という要約情報から詳細情報への流れだけではなく、「Z→Y→X」という詳細情報から要約情報への流れからも必要な情報を見つけ出すことができなければなりません。

■図1　アカウンティングファームの情報共有システム

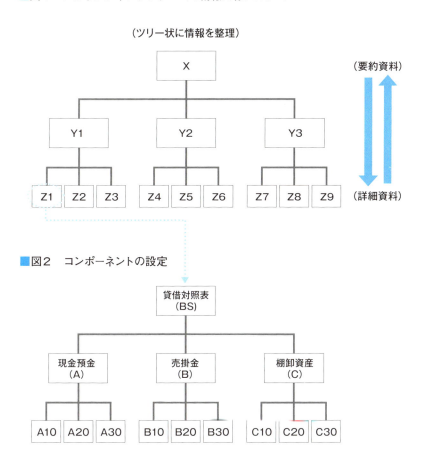

■図2　コンポーネントの設定

■図3　リファレンスが振られた資料

　アカウンティングファームでは作成した資料にリファレンスを振ることによって、上からも下からも必要なデータを見つけることができるようにしています。イメージとしては、インターネットで使われるハイパーリンクのシステムを思い浮かべていただければよいでしょう。「リファレンス」という考え方を知っていると、作成した資料のチェックにとても役立ちますので、「リファレンス」の考え方を説明したいと思います。

　リファレンスを振るために最初に行うのは、情報の単位であるコンポーネントを設定することです。今回は貸借対照表の数字の妥当性をチェックするというケースでコンポーネントを設定しながら、リファレンスの振り方を説明していきます。ちなみに「貸借対照表（BS）」というコンポーネントは図1の「Z1」という情報に該当すると考えて下さい（図2）。

　コンポーネントを設定したら、次は各資料に記載するアルファベットを決めていきます。例えば、貸借対照表は「BS」、貸借対照表の勘定科目である現金預金は「A」、売掛金は「B」、棚卸資産は「C」というように分かりや

すいアルファベットを振っていきます。

　資料に記載するアルファベットを決めたら、次は各資料の右上にアルファベットと数字を組み合わせた記号（例えば、A10、A20、A30…）を赤字のボールペンで記入していきます。数字は小さい数字ほど上位階層（集約した数字）、大きな数字ほど下位階層（詳細な数字）を表しています。ちなみに、A10、A20、A30と10番ごとに番号を振っていくのは、後で追加したい資料が発生したときにA15というような番号を振ってA10とA20の間に追加するためです。

　文字による説明だけでは分かりにくいと思いますので、図3を使ってリファレンスの振り方を説明していきます。顧客別売掛金明細表の右上に「B20」、売掛金明細表の右上に「B10」、貸借対照表の右上に「BS10」と記載します。一番下の階層である「顧客別売掛金明細表」に記載されている取引先Aの500という合計金額は、一つ上の階層である「売掛金明細表」の取引先Aの500という金額と一致します。

　これは「顧客別売掛金明細表」の500という金額を「売掛金明細表」に「飛ばす」と考え、飛ばす先である「 (B10) 」と記載します。また、「売掛金明細表」は500という数字を「顧客別売掛金明細表」から「受ける」と考え、「B20／」と記載します。同じ作業を「売掛金明細表」と「貸借対照表」との間でも行います。

　このように「他の資料からつながってきた数字」には当該数字の根拠となる資料の記号を記入し、「他の資料へつながっていく数字」には、つながる先の資料の記号を記入します。このようにリファレンスを振ると、資料の数字が一連の流れでつながることになりますので、上からも下からも必要なデータにたどりつくことができます。ちなみに、現在のアカウンティングファームではデータベースを使って資料を作成することが多くなっていますが、

リファレンスという考え方は今でも使われており、該当箇所をクリックすると必要な資料にリンクするしくみとなっています。

③ 情報共有とトレーニング

情報共有のシステムをいくら一生懸命作っても、一つ一つの情報のクオリティが低ければ価値を生み出すことはできません。そこでアカウンティングファームでは、レビューというシステムを使って情報共有と情報のクオリティを高めるトレーニングを同時に行っています。

スタッフが作成した資料はシニアスタッフがレビューを行い、フォーマットから外れている資料や情報が不完全な資料については修正点の指摘を行います。スタッフがすべての修正点を直したら、シニアスタッフは資料にチェックが終わったというサインをします。同様にシニアスタッフが作成した資料はマネージャーが、マネージャーが作成した資料はパートナーがレビューを行い、すべての資料を上司がチェックするというしくみとなっています（図4）。

■図4　レビューと情報共有

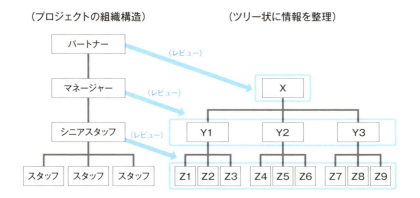

すいアルファベットを振っていきます。

　資料に記載するアルファベットを決めたら、次は各資料の右上にアルファベットと数字を組み合わせた記号（例えば、A10、A20、A30…）を赤字のボールペンで記入していきます。数字は小さい数字ほど上位階層（集約した数字）、大きな数字ほど下位階層（詳細な数字）を表しています。ちなみに、A10、A20、A30と10番ごとに番号を振っていくのは、後で追加したい資料が発生したときにA15というような番号を振ってA10とA20の間に追加するためです。

　文字による説明だけでは分かりにくいと思いますので、図3を使ってリファレンスの振り方を説明していきます。顧客別売掛金明細表の右上に「B20」、売掛金明細表の右上に「B10」、貸借対照表の右上に「BS10」と記載します。一番下の階層である「顧客別売掛金明細表」に記載されている取引先Aの500という合計金額は、一つ上の階層である「売掛金明細表」の取引先Aの500という金額と一致します。

　これは「顧客別売掛金明細表」の500という金額を「売掛金明細表」に「飛ばす」と考え、飛ばす先である「 B10 」と記載します。また、「売掛金明細表」は500という数字を「顧客別売掛金明細表」から「受ける」と考え、「B20／」と記載します。同じ作業を「売掛金明細表」と「貸借対照表」との間でも行います。

　このように「他の資料からつながってきた数字」には当該数字の根拠となる資料の記号を記入し、「他の資料へつながっていく数字」には、つながる先の資料の記号を記入します。このようにリファレンスを振ると、資料の数字が一連の流れでつながることになりますので、上からも下からも必要なデータにたどりつくことができます。ちなみに、現在のアカウンティングファームではデータベースを使って資料を作成することが多くなっていますが、

リファレンスという考え方は今でも使われており、該当箇所をクリックすると必要な資料にリンクするしくみとなっています。

③ 情報共有とトレーニング

情報共有のシステムをいくら一生懸命作っても、一つ一つの情報のクオリティが低ければ価値を生み出すことはできません。そこでアカウンティングファームでは、レビューというシステムを使って情報共有と情報のクオリティを高めるトレーニングを同時に行っています。

スタッフが作成した資料はシニアスタッフがレビューを行い、フォーマットから外れている資料や情報が不完全な資料については修正点の指摘を行います。スタッフがすべての修正点を直したら、シニアスタッフは資料にチェックが終わったというサインをします。同様にシニアスタッフが作成した資料はマネージャーが、マネージャーが作成した資料はパートナーがレビューを行い、すべての資料を上司がチェックするというしくみとなっています（図4）。

■図4　レビューと情報共有

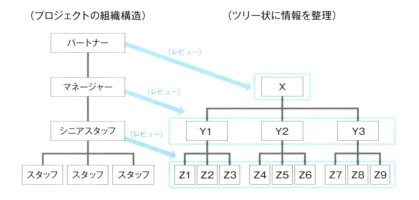

レビューでは情報共有とトレーニングが一度に行われます。スタッフ（Stf）は作成した資料をシニアスタッフ（Snr）に提出し、まずは書類のチェックを受けます。書類のチェックが終了したら情報共有とトレーニングを兼ねて、以下のようなやりとりが行われます。

> Snr：君の作った売上の資料を見せてもらったよ（図5）。Aという論点はこれでいいかな。A1、A2、A3という3つの個別資料もきちんとできているしね。
> Stf：ありがとうございます。
>
> Snr：次はBという論点なんだけどさ、B1はこれで問題ないけど、B2の資料が問題なんだよね。B2の資料を作る前に、監査基準委員会報告書〇〇号という資料は読んだ？
> Stf：すみません。まだ読んでいません。
> Snr：そうだろうね。君が作ったB2の資料は間違っているわけではないけど、使っている言葉の定義が曖昧なんだよね。監査基準委員会報告書〇〇号に則った言葉を使って資料を作ってください。それと、B3という資料も作った方がいいよね。
> Stf：分かりました。すぐに作ります。
>
> Snr：そういえばさ、Cという論点についての資料が見つからなかったけど、作った？
> Stf：作ってないです。必要だったでしょうか？
> Snr：絶対に必要かと言うと微妙なところだけど、今回はその資料についてもしっかりと作った方がいいんじゃないかな。Cについては、C1、C2、C3の3つの資料を作っておいてください。

■図5 スタッフが作成した資料とシニアスタッフの頭の中の対比

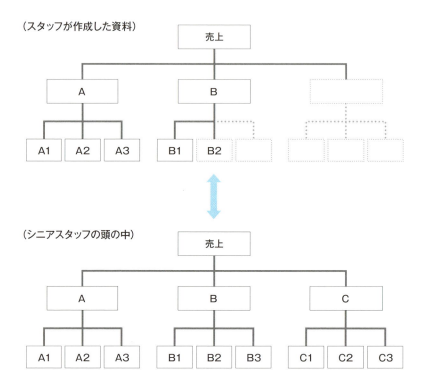

このように作成した資料のレビューを受けることによって、自分が作成した資料の中で不十分な点に気づくことができます。私も新人の頃に作った資料は穴だらけで、上司からたくさんの指摘を受けました。このようなレビューを繰り返すことによって、組織にとっては情報共有と情報のブラッシュアップが進んでいきます。また、各担当者はレビューを受けることによって自分の頭の中を整理し、シンプルでロジカルな資料を作成する技術を身につけることができます。

2 見やすく使いやすい資料の作り方

　会社の中での情報共有を効率的に行うためには、社員一人ひとりのセンスに頼った資料作成ではなく、見やすく使いやすい標準的なフォーマットを作成し、全社員で共有することが大切となってきます。エクセルで資料を作成するときには、最終的な資料だけではなく、ワークシート間の数字のつながりも分かりやすくすることによって、利用者全員が使いやすい資料を作成することができます。それでは、見やすく使いやすい資料を作成するためのポイントを、順番に説明していきます。

① データの流れが分かりやすいファイルを作成する
② シート構成図を入れてデータのつながりを明確にする
③ 書式はなるべくシンプルに
④ データの出所を記入する
⑤ フッターにファイル名、シート名を入れる
⑥ 検索しやすいファイル名をつける
⑦ 不要なシートを削除する

① データの流れが分かりやすいファイルを作成する

　全社予算の作成などの複雑な作業をエクセルで行う場合には、個別のワークシートで売上予算、人件費予算、経費予算などの数字を計算し、個別のワークシートで計算した数字を集計することによって最終的な数字を計算します（図1）。エクセルファイルを作成するときには、作成者の思考プロセスが分かるようにデータの流れをツリー構造に積み上げると、内容を説明する手間が省けるだけではなく計算過程のミスも発見しやすくなります。

■図1　ワークシートの構造

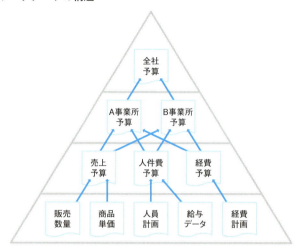

　それでは次は、個別のワークシートの作成方法を説明します。A事業所の人件費予算を作成するときには、会社全体の「人員計画」と「給与データ」からA事業部に関するデータを抜粋し、月別の人件費を計算します（図2）。「人件費予算」シートで計算した給与、賞与、法定福利費をA事業所予算シートに集計し、A事業所予算を計算します（図3）。その後、全事業所の予算を合算し、全社予算を作成します。このようにデータの流れが分かりやすいエクセルファイルを作成しておけば、今後は入力シートの数字だけを変更すればよいため作業の効率化を図ることができます。

■図2　人件費予算シート（A事業所に関する部分を抜粋）

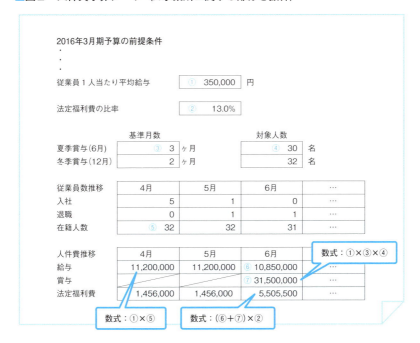

■図3　A事業所予算シート

2016年3月期月次予算

勘定科目	4月	5月	6月	…
⋮				
給与	11,200,000	11,200,000	10,850,000	
賞与			31,500,000	
法定福利費	1,456,000	1,456,000	5,505,500	
⋮				

また、個別のワークシートの並べ方としては、右から順番に数字が流れるようにし、一番左に最終的な数字が集計されるようにするのがよいでしょう（図4）。水が高きから低きに流れるように、エクセルシートも順序良く並べることが重要です。このようにファイルを作成すれば、かけ離れたシート間を行き来する必要がなくなり、数字をつなげる作業も基本的には右隣（あるいは左隣）のシートを参照すればよいことになります。

■図4　数字の流れは一方向に

数字の流れは一方向に統一

　このように数字のつながりが分かりやすいワークシートを作成することは、作業の引継ぎをとても楽にします。他人の作成したエクセルファイルのデータのつながりを理解するのに、苦労した経験のある方も多いのではないでしょうか。多くのビジネスパーソンが、数字を追っていくだけでワークシートのつながりが理解でき、作成者の考え方が手に取るように分かるエクセルファイルが作れるようになれば、会社全体の業務の効率性も大きく上がると考えられます。

② シート構成図を入れてデータのつながりを明確にする

　全社予算のように複雑な構成のエクセルファイルには、シート構成図を入れることによってデータのつながりを明確にするのがよいでしょう（図1）。この時に大切なのが、全社予算のようにデータを積み上げて計算する場合は、各シートの階層をはっきりと記載することです。各シートの役割と階層が分かっていると、数字が間違っていたり、前提条件が変わって数字を修正する場合において、どの部分を修正すればよいかが一目瞭然となります。ちなみ

に、図1のような構成図を作成するのが難しい場合は、図2のように表を作成して階層とシート名を記載する方法もあります。

■図1　構成図1

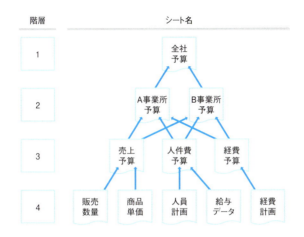

■図2　構成図2

階層	シート名
1	全社予算
2	A事業所予算、B事業所予算
3	売上予算、人件費予算、経費予算
4	販売数量、商品単価、人員計画、給与データ、経費計画

※全社予算作成のためのエクセルファイルは、階層4のシートは階層3のシートに数字がつながるというように、一つ上の階層のシートに数字がつながる構造になっています。

③ 書式はなるべくシンプルに

　エクセルでは自由に書式を設定することができますが、多くの色や罫線を無秩序に使用すると、かえって見づらくなってしまいます。そこで私は表を作成する時には、「個別の数字を入力するセル」と「合計数字が記載されるセル」の2つに分けてシンプルなルールを設定し、直感的に理解できるよう

な表を作成しています（図1）。

「個別の数字を入力するセル」には、「桁区切りのカンマを付ける」と「マイナスを括弧表示とする」という2つの書式設定を行いますが、見やすくするためにセルにもフォントにも色をつけることはありません。一方で「合計数字が記載されるセル」には、「個別の数字を入力するセル」と同じ書式設定を行った上で、見やすいようにパステル系の薄い色をつけるようにしています。

■図1　シンプルな書式設定

（単位：千円）

項目	精算表					修正後
	修正前	修正①	修正②	修正③		
A	100	10	(5)	(10)		95
B	200	(20)	20	(20)		180
C	300	30	(15)	30		345
						0
合計	600	20	0	0	0	620

- フォントは日本語で1種類、英数字で1種類に統一
- フォントの色は黒ともう1色（マイナス数字の赤は除く）
- 罫線は黒の実線2種類（通常のものと太いもの）
- セルの塗りつぶしは数式の入ったセル、合計行・列等に限定
- タイトル以外はセルの配置を設定しない

その他にも目立たせたいセルにはパステル系の薄い色をつけますが、1つの表の中にはあまり多くの色を使わないようにし、視認性の高い表を作成するように心がけています。また、罫線の使い方としては、点線や二重線を組み合わせると書式が多くなり見づらくなってしまいますので、単純に黒の実

線だけで表を作成するようにしています。

④ データの出所を記入する

　ワークシートの更新作業を行う時に、どの資料から数字を取ってきたかが分からなくなって困ったことはないでしょうか。毎月更新する資料には必要ないかもしれませんが、四半期に一度や年に一度の作業では、どの資料から数字を取ってきたか分からなくなることもありますので、データの出所（Source data）をワークシートに記載しておくと安心です。また、ワークシートにデータの出所が記載されていると、作業の引継ぎも簡単に行うことができます（図1）。

■図1　ワークシートにデータの出所を記載

滞留売掛金一覧表

相手先	回収遅延月数				
	0～30日	31～60日	61～90日	90日超	合計
ABC商会	1,500				1,500
DEF商事	1,400				1,400
GHI物産		1,200			1,200
JKL商店	200	300			500
MNO Ltd.			400	700	1,100
PQR貿易		350	250		600
STU Co., Ltd.			500	300	800
合計	3,100	1,850	1,150	1,000	7,100

（Source data：2015年5月末売掛金年齢調べ表）

⑤ フッターにファイル名、シート名を入れる

　個々のワークシートのフッターには、ファイル名とシート名が表示されるようにしておくと、いろいろと役立ちます。前回作業したファイルがPCのどのフォルダに入っているか分からないときでも、紙ベースの資料が残っていれば、ファイル名から検索することができます。

またシート名が印刷されていれば、紙ベースの資料を見ながら会議や電話で話をするときに、どのワークシートの話をしているのかが分かりやすくなります。フッターにファイル名、シート名を入れる方法は「第1部 第2章 ❸ 大きな表を印刷する時の注意点」（45ページ）をご覧ください。

⑥ 検索しやすいファイル名をつける

エクセルを使った業務の中には全社予算の作成のように、作業量が膨大なため何日もかけて行う作業があります。そのようなときには、検索しやすいファイル名をつけることによって進捗管理を行い、途中で間違えた場合には、すぐに事前の状況に戻れるようにしておくことが大切です（図1）。

ファイルの内容を示す名称の後ろの『d○』というのは、ドラフト（draft：下書き）のイニシャルを取って何番目の作業ワークシートかを表しています（図1）。ドラフト番号の後ろの日付は、2015年の5月6日であれば、"20150506"というように、西暦（4桁）、月（2桁）、日付（2桁）という順序で合計8桁の日付をつけておきます。このように日付をつければエクスプローラーで表示した際に、ファイル名で並べ替えると日付順に並ぶため、最新のものを簡単に見つけることができます。

■図1　ファイル名のルール

⑦ 不要なシートを削除する

　エクセルファイルが完成した時点で、不要なシートを削除するのがよいでしょう。また、ファイル構成上必要なシートであっても、相手にとって必要のない情報は「シートの非表示」を使って見えないようにしておくのがよいでしょう。私も本書の原稿が完成した時点で、デザイナーさんにエクセルファイルをお送りしましたが、最終原稿に使われないシートについては非表示としました。

　ちなみに、エクセル2013からは新しいブックを作成するときの初期設定のシート枚数は1枚となりましたが、エクセル2010までは3枚でした。新しいブック作成時のシート枚数を1枚にしたい場合は、「ファイル」タブの「オプション」をクリックして「Excelのオプション」ダイアログボックスを開き、新しいブックの作成時のブックのシート数を「1」にします（図1）。

■図1　Excelのオプションダイアログボックス（Excel2010）

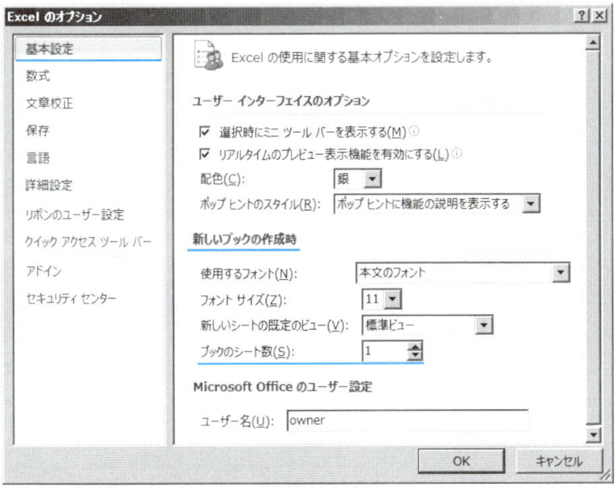

3 ミスを減らすための工夫

　せっかく見やすく使いやすい資料を作っても、数字を間違うとその努力が台無しになってしまいます。とはいえ、いくら注意しても人間の注意力には限界があるので、注意力に頼ってミスを減らそうとするのではなく、ミスを減らすしくみを作業プロセスの中に組み込むことが大切です。

　私はエクセルで表を作成する時には、「タテ計とヨコ計の一致を確かめる」ことによって計算ミスを防ぐようにしていますし、複雑なエクセルファイルを作成するときには「作業リスト」や「チェックリスト」を作成することによって、できるだけミスを減らすようにしています。また、資料が完成した時点で、リファレンスを振りながら数字のつながりを確認することによって、数字の作成プロセスの中で防げなかったミスを見つけるようにしています。ここでは、私がミスを減らすために気をつけていることを説明したいと思います。

① 合計式の1つ手前に「余裕行」「余裕列」を入れる
② タテ計とヨコ計の一致を確かめる
③ 数式はなるべくシンプルに
④ 作業リスト、チェックリストを作成する
⑤ リファレンスを振りながら数字のつながりを確認する

① 合計式の1つ手前に「余裕行」「余裕列」を入れる

　合計式の入ったワークシートに行や列を追加したときに、追加した行や列が合計式の範囲から漏れてしまい、思わぬ計算ミスをすることがあります。図1のように合計式が入力されているセルの前に「行」や「列」がない場合は、追加された「行」や「列」は集計の範囲から漏れてしまいます（図2）。このようなミスは、図3のように合計式が入る行と列の前に余裕行と余裕列を設けておけば防ぐことができます。

■図1　合計式の直前まで項目が入力されている場合──挿入前

	A	B	C	D	E
1					合計
2	＊＊＊1	×××	×××	×××	=SUM(B2:D2)
3	＊＊＊2	×××	×××	×××	
4	＊＊＊3	×××	×××	×××	
5	＊＊＊4	×××	×××	×××	
6	＊＊＊5	×××	×××	×××	
7	＊＊＊6	×××	×××	×××	
8	＊＊＊7	×××	×××	×××	
9	＊＊＊8	×××	×××	×××	
10	＊＊＊9	×××	×××	×××	
11	＊＊＊10	×××	×××	×××	
12	合計		=SUM(C2:C11)		

（一行追加、一列追加）

■図2　合計式の直前まで項目が入力されている場合──挿入後

	A	B	C	D	E	F
1						合計
2	＊＊＊1	×××	×××	×××		=SUM(B2:D2)
3	＊＊＊2	×××	×××	×××		
4	＊＊＊3	×××	×××	×××		
5	＊＊＊4	×××	×××	×××		
6	＊＊＊5	×××	×××	×××		
7	＊＊＊6	×××	×××	×××		
8	＊＊＊7	×××	×××	×××		
9	＊＊＊8	×××	×××	×××		
10	＊＊＊9	×××	×××	×××		
11	＊＊＊10	×××	×××	×××		
12						
13	合計		=SUM(C2:C11)			

追加した行・列が合計式に含まれない

図1のように合計式の直前に行や列を入れても合計式は変化しませんが、図3のように合計範囲の中（余裕行と余裕列の前）に行や列を追加した場合は合計式が自動的に修正されます（図4）。新たに項目が増えることを想定して余裕行と余裕列を入れておくという、ちょっとした工夫をすることによってミスを防ぐことができます。なお、余裕行と余裕列のレイアウトが気になるという方は、行と列の幅を調整して目立たなくするとよいでしょう。

■図3　合計式の直前の行・列に1つ余裕を設ける場合——挿入前

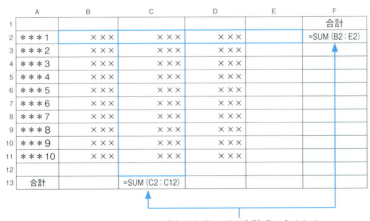

■図4　合計式の直前の行・列に1つ余裕を設ける場合——挿入後

② タテ計とヨコ計の一致を確かめる

　エクセルで表を作成するときに起こりやすいミスとして、タテ計とヨコ計が合わないことがあります。表を作成した当初はタテ計とヨコ計は合っていても、行や列を追加していくうちに数式から追加された行や列が漏れてしまい、タテ計とヨコ計が一致しないことがあります。

　そこで図1のように、合計数値がタテ計「=SUM(E2:E11)」で計算されている場合はヨコ計「=SUM(B12:D12)」を計算し、タテ計からヨコ計を差し引いた検証式を入れればミスを防ぐことができます（図1）。ちなみに、検証式を入れなくても、集計したい範囲をマウスでドラッグしながら選択すると、ワークシートの右下の部分に平均、データの個数、合計が表示されますので、こちらの方法で検証するのもよいでしょう（図2）。合計をタテ計で計算している場合はヨコ計で、ヨコ計で計算している場合はタテ計でダブルチェックする習慣をつければつまらない集計ミスを減らすことができます。

■図1　検証式を入れる

	A	B	C	D	E
1					合計(行)
2	＊＊＊1	××	××	××	=SUM(B2:D2)
3	＊＊＊2	××	××	××	=SUM(B3:D3)
4	＊＊＊3	××	××	××	=SUM(B4:D4)
5	＊＊＊4	××	××	××	=SUM(B5:D5)
6	＊＊＊5	××	××	××	=SUM(B6:D6)
7	＊＊＊6	××	××	××	=SUM(B7:D7)
8	＊＊＊7	××	××	××	=SUM(B8:D8)
9	＊＊＊8	××	××	××	=SUM(B9:D9)
10	＊＊＊9	××	××	××	=SUM(B10:D10)
11	＊＊＊10	××	××	××	=SUM(B11:D11)
12	合計(列)	=SUM(B2:B11)	=SUM(C2:C11)	=SUM(D2:D11)	=SUM(E2:E11)
13					
14				ヨコ計	=SUM(B12:D12)
15				検証式	=E12−E14

■図2　範囲を選択して合計を表示

平均: (816,667)　データの個数: 3　合計: (2,450,000)

③ 数式はなるべくシンプルに

エクセルには様々な関数が用意されているだけではなく、それらの関数を組み合わせることによってさらに複雑な計算をすることができます。しかしながら、1つのセルの中に複数の計算式を詰め込むと、作成者以外は内容を理解することができないブラックボックスとなってしまうおそれがあります（図1）。そのような問題を解決するために、数式はなるべく単純にし、ステップバイステップで複雑な計算を行う形式でワークシートを作成することをおすすめします（図2）。

■図1　1つのセルの中に複数の計算式を詰め込んだ場合

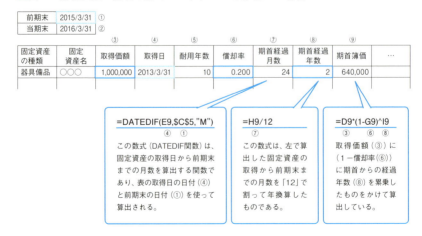

■図2　計算過程が見える形でワークシートを作成した場合

[参考] DATEDIF関数

　DATEDIF関数とは開始日から終了日までの期間を計算する関数で、「DATEDIF（開始日,終了日,期間）」という形を取ります。期間の表示は、第3引数を変更することによって、年、月、日の3種類で表示することができます。年数を表示したいときは"Y"、月数を表示したいときは"M"、日数を表示したいときは"D"と入力します。

④ 作業リスト、チェックリストを作成する

　全社予算の作成作業のように、シート枚数が多く手順も複雑な作業は事前に作業リストを作成し、作業内容の全体像と日程を一覧表示しておくと作業を効率的に進めることができます（図1）。一度間違えた個所や気をつけるべき内容については留意点として書き加えられるようにしておくと、次回以降の作業の効率化に大きく役立ちます。

■図1　作業リスト

作業リストの例

番号	作業内容	留意点	担当者	作業期日	作業完了日
1	次年度予算基本方針の作成	社長の方針を織り込み、確認する	林	2月1日	
2	事業所向け予算パッケージの作成・配布	予算作成に必要な過不足のない情報	森	2月5日	
3	事業所から予算パッケージの回収	期日を過ぎたらリマインド	林	2月20日	
4	予算パッケージのチェック	シート間の整合性、前年同期との比較	林	2月22日	
5	予算パッケージデータの全社予算書への入力	貸借の一致確認	林	2月25日	
6	設備投資計画から減価償却費予算の算定・入力	前年同期との比較	森	2月28日	
7	本部費予算の作成、事業所への按分額の計算	本部費の按分比率の妥当性	森	3月3日	
8	部門間取引の消去仕訳の作成	前年同期との比較	森	3月3日	
9	全社予算のレビュー、今期予算、実績見込との比較	増減率の妥当性	林	3月5日	
10	社長との擦り合わせ	予算基本方針との整合性	林	3月10日	
11	取締役会での承認		林	3月20日	

　また、作業の中で検証が必要な部分については、チェックリストとして一覧表にしておくのがよいでしょう（図2）。数字が整合すべき個所について

はチェックリスト内、もしくは別途検証用のシートを作成し、金額が整合していることを確かめられるようにしておくとよいでしょう。

■図2　チェックリスト

チェックリストの例

番号	チェック内容	チェック担当者	チェック日	指摘事項
1	事業所別今期実績見込、今期予算とのチェック	本木		
2	事業所別予算とアクションプランとの整合性の検証	花房		
3	総人件費の翌期予想と積上げ予算値との整合性	花房		
4	減価償却費の事業所への配分の妥当性	望月		
5	本部経費の按分率の妥当性の検証	望月		
⋮				

⑤ リファレンスを振りながら数字のつながりを確認する

経理業務を行っていると決算の数字が概ね確定した段階で、決算書の数字のチェック作業が始まります。決算書の数字が元資料とつながっていることを確認する時には、112ページで説明したリファレンスを振りながら数字のつながりを確認するとよいでしょう（図1）。

リファレンスを振りながら数字の流れを整理していく中で、思わぬミスを発見することもありますし、リファレンスを振って数字の流れを明らかにしておけば、次回の作業（特に後任者が業務を担当する場合）に役立てることができます。私が経理業務を行っていたときにはリファレンスを振りながら、各勘定科目の数字が正しいことを確認していました。

■図1　リファレンスを振りながら数字のつながりを確認する

　注意力だけでミスを減らすのは難しく、ミスを減らすためにはミスを少なくする作業プロセスを構築する必要があります。少し手間がかかりますが、作業を始める前には「作業リストを作成して、作業の全体像と注意点、日程を一覧表示する」、作業中には「チェックリストを使ってプロセス管理を行う」、作業後には「数字を分析して異常値を見つける」という習慣をつけると、ミスを大きく減らすことができます。

第2章 初歩的な関数を使って資料を作成する

　エクセルで資料を作成するときには難しい関数やマクロを使わなくても、少しの工夫で業務を効率化する資料を作ることができます。そこで第2章では、今までに学んだ知識と初歩的な関数を使って「**1 経費精算書の作成**」「**2 決算推移表・比較表の作成**」という2つの資料の作り方を説明します。

1 経費精算書の作成

　経費精算書のような複雑な資料を作成する時には、最初に設計図を作って織り込む機能を整理するのがよいでしょう。設計図が完成したら経費精算書のひな型を作成し、必要な場所に数式を入れます。そこで今回は、①設計図を作る　②ひな型を作る　③関数と数式を入力する、という順番で経費精算書の作り方を説明します。

① 設計図を作る

　最初に次のような設計図を作成し、必要な項目や数式を入れる部分の書き出しを行います。

---

1 経費精算書の項目
　部署、氏名、申請日、承認印、支出日、支出目的、支出項目、会計費目、詳細内容、支払先、金額、備考、合計、仮払金、経理処理欄

2 数式を入れる部分
（1）支出項目
　ドロップダウンリストの中から支出項目を選択できるようにし、入力作業を楽にする。
（2）会計費目
　VLOOKUP関数を使うことにより、ドロップダウンリストから支出項目を選択すると、会計費目が自動で表示されるようにする。
（3）経理処理欄
　経費精算書を作成した時点で入力すべき仕訳が分かるようにする。金額の集計にはSUMIF関数を使用する。

② ひな型を作る

設計図に基づいてひな型を作成したところ、図1のようになりました。経費精算書のひな型は「入力部分」と「経理処理欄」の上下2つに分かれており、行によって必要となる列幅は異なっています。「入力部分」を作成している時に列幅を変更してしまうと、「経理処理欄」の項目を作成するときに困ってしまいます。そこで、上下に2つに分かれる資料を作るときには列幅はできるだけ変えずに、必要に応じてセルを結合することをおすすめします。

■図1　経費精算書のひな型

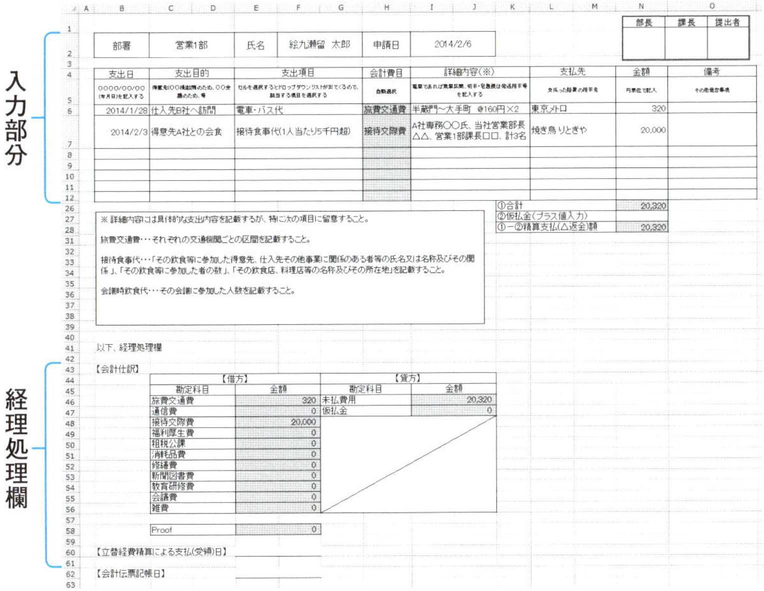

③ 関数と数式を入力する

ひな型が完成したら関数と数式を入力して経費申請書を完成させます。それでは、「1．入力部分」、「2．経理処理欄」の順番で作成方法を説明します。

1．入力部分の作成

最初に図2をご覧になってください。図2の❶から❿について作成のポイントを説明していきます。

■図2　入力部分

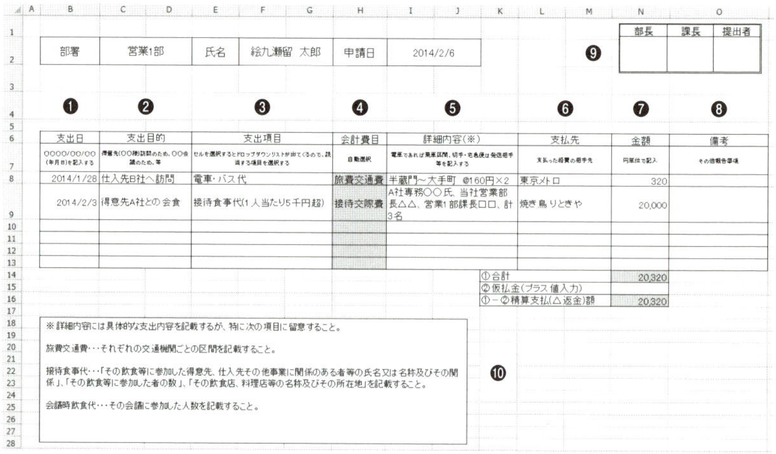

❶ 支出日

経費精算書の入力対象期間が決まっている場合は「データの入力規則」を使って日付が正しく入力されるようにします。また、入力を行いやすくするために、日本語入力を「半角英数字」とします。詳しい設定方法については「第1部 第3章 ❶データの入力規則を使ってミスを防ぐ」（62ページ）をご覧ください。経費精算書の入力対象期間が決まっていない場合は「日付の入力期間」の設定は不要です。

❷支出目的、❸支出項目、❺詳細内容、❻支払先、❽備考

「セルを結合して中央揃え」をクリックして必要なスペースを確保した上で、セルの幅を超えた文字列を表示するために、「ホーム」タブの「折り返して全体を表示する」をクリックします。支出目的や詳細内容など日本語を入力する部分は「左揃え」アイコンをクリックして、セルの内容を左詰で表示します（図3）。

■図3　折り返して全体を表示する＋セルを結合して中央揃え

また、支出項目はドロップダウンリストから選択して入力できるようします。詳しい設定方法については「第1部 第1章 ❺ ドロップダウンリストを使って効率的に入力する」（32ページ）をご覧ください。

❹ 会計費目

ドロップダウンリストから支出項目を選択した時点で、VLOOKUP関数を使って会計費目が自動で表示されるようにしたいと考えています。そのようなシステムを作成するために、「（1）マスタの作成」「（2）VLOOKUP関数の使い方」「（3）エラー表示を消す方法」の順番で説明します。

（1）マスタの作成

支出項目を選択した時点で会計費目が自動的に表示されるようにするには、別シートにマスタを作成する必要があります。シート名を「マスタ」として、図4のようなマスタ（立替経費項目一覧表）を作成します（図4）。

■図4　マスタ（立替経費項目一覧表）

	立替経費項目一覧表	
リスト名称	支出項目	会計費目
内容	電車・バス代	旅費交通費
	タクシー代	旅費交通費
	飛行機代	旅費交通費
	その他交通機関での交通費	旅費交通費
	出張時の日当	旅費交通費
	車両燃料費	旅費交通費
	駐車場代	旅費交通費
	切手代	通信費
	宅急便等配達料金	通信費
	携帯電話代	通信費
	封筒代	通信費
	その他通信費	通信費
	接待食事代(1人当たり5千円以下)	接待交際費
	接待食事代(1人当たり5千円超)	接待交際費
	贈答(中元、歳暮等)、手土産代	接待交際費
	残業食事代	福利厚生費
	常備薬購入代	福利厚生費
	収入印紙代	租税公課
	備品購入代金	消耗品費
	事務用品代	消耗品費
	備品修理代	修繕費
	新聞・雑誌代	新聞図書費
	書籍代	新聞図書費
	セミナー・講演会出席費	教育研修費
	会議時飲食代	会議費
	コピー・製本代	雑費
	会費支払	雑費
	その他経費支出	雑費

（2）VLOOKUP関数の使い方

① 関数の挿入ダイアログボックスの表示

　数式を入力する「H8」のセルを選択した状態で「関数の挿入」ボタンをクリックし、「関数の挿入」ダイアログボックスを開きます。「関数名」に「VLOOKUP」と表示されているときはそのまま選択し、表示されていないときには、「関数の検索」のボックスに「VLOOKUP」と入力し「検索開始」ボタンをクリックすると、「関数名」に「VLOOKUP」と表示されるため、この状態で「OK」をクリックします（図5）。

■図5　関数の挿入ダイアログボックス

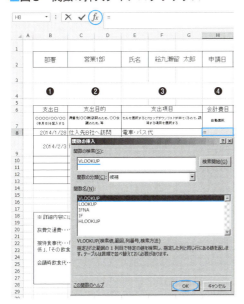

■図6　VLOOKUP関数の入力

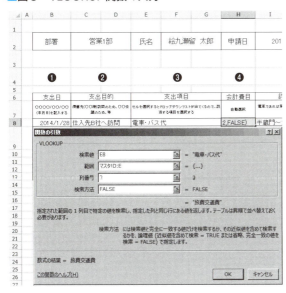

② VLOOKUP関数の入力

　VLOOKUP関数は引数に検索値、範囲、列番号、検索方法の４つを取りますので、順番に内容を説明します（図６）。

［１．検索値］
　会計費目は支出項目のセルの内容によって自動入力されるように設定するため、支出項目が表示されている「E8」のセルを選択します。

［２．範囲］
　検索値と同じデータを見つける範囲を指定します。先ほど作成した「マスタ」シートのD列とE列を選択します（図４）。範囲としては、現時点で支出項目や会計費目が入力されている「D4」から「E31」を選択範囲としてもよいのですが、支出項目や会計費目が追加される可能性を考え、D列とE列を選択することにしました。D列とE列を選択しておけば、支出項目や会計費目が追加されてもVLOOKUP関数を修正する必要はありません。

［３．列番号］
　会計費目のセルに表示したい内容を選択します。会計費目に表示したいのは選択した範囲の中の左から２列目なので「２」と入力します。

［４．検索方法］
　「FALSE」と入力します。

（３）エラー表示を消す方法

　VLOOKUP関数が入力された「H8」のセルを下方向にコピーしたところ、「H10」から「H13」までのセルでエラーが発生してしまいました（図７）。その理由としては、「H8」と「H9」のセルは「検索値」である「支出項目」が入力されているため問題ありませんが、「H10」から「H13」までは「検索値」である「支出項目」が空欄なためエラーとなっているのです。

■図7　エラー表示

このような場合にはIFERROR関数を使ってエラー表示がされないようにします。

　IFERROR関数は「=IFERROR（値、エラーの場合の値）」という構造なので、「値」の部分に今まで「H8」セルに入力されていた「VLOOKUP(E8,マスタ!D:E,2,FALSE)」と入力し、「エラーの場合の値」の部分に空白を示す「""」（ダブルクオーテーション）と入力します。最終的に「H8」セルには「=IFERROR(VLOOKUP(E8,マスタ!D:E,2,FALSE),"")」という数式が入力されます。

■図8　エラーの非表示

「H8」セルの数式を下方向にコピーするとエラーメッセージが非表示となります。「H10」セルはVLOOKUP関数の検索値が空欄ですが、セルに「=IFERROR(VLOOKUP(E10,マスタ!D:E,2,FALSE),"")」という数式が入っているためエラーは非表示となっています。

今回紹介した「IFERROR」関数はエクセル2007以降の関数となっています。それ以前のバージョンでは「IF」と「ISERROR」関数を組み合わせて、「H8」セルに下記のような数式を入れると同じ結果となります。

=IF(ISERROR(VLOOKUP(E8,マスタ!D:E,2,FALSE)),"",VLOOKUP(E8,マスタ!D:E,2,FALSE))

❼ 金額
　入力を行いやすくするために、日本語入力を「半角英数字」とします。詳しい設定方法については「第1部 第3章 1 データの入力規則を使ってミスを防ぐ」（62ページ）をご覧ください。

❾ 承認欄
　承認欄はカメラ機能を使って行や列のレイアウトに縛られずに作っています。詳しい設定方法は「第1部 第2章 1 意外と便利なカメラ機能」（40ページ）をご覧ください。

❿ 留意事項の記載
　経費申請書の入力時に間違えやすい項目については、テキストボックスを使って留意事項を記載するとよいでしょう。ちなみに、図1の留意事項には下記の内容が記載されています。

> ※ 詳細内容には具体的な支出内容を記載するが、特に次の項目に留意すること。
> 旅費交通費……それぞれの交通機関ごとの区間を記載すること。
> 接待食事代……「その飲食等に参加した得意先、仕入先その他事業に関係のある者等の氏名又は名称及びその関係」、「その飲食等に参加した者の数」、「その飲食店、料理店等の名称及びその所在地」を記載すること。
> 会議時飲食代……その会議に参加した人数を記載すること。

２．経理処理欄の作成

経理処理欄については、❶【借方】金額欄、❷【貸方】金額欄、❸合計金額の計算チェック（Proof）、の順番で説明していきます（図9）。

■図9　経理処理欄

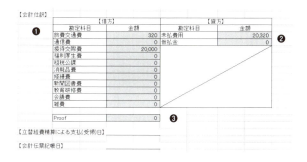

❶【借方】金額欄

「ホーム」タブの「関数の挿入」アイコンをクリックし、表示された「関数の挿入」ダイアログボックスの中から、「SUMIF」を選択します。「関数の引数」ダイアログボックスの中の「範囲」の部分に「会計費目」が記載されたセルを選択し、F4キーを押して絶対参照の状態にします（図10）。「検索

条件」には金額を集計する勘定科目が記載されたセルを選択します。「合計範囲」には「金額」が記載されたセルを選択し、F4キーを押して絶対参照の状態にし、「OK」ボタンをクリックします。その後、数式を下方向にコピーします。SUMIF関数について分からない部分がありましたら「第1部第4章 3 SUMIF関数を使って経費明細を集計する」(93ページ)をご覧ください。

■図10 【借方】金額欄

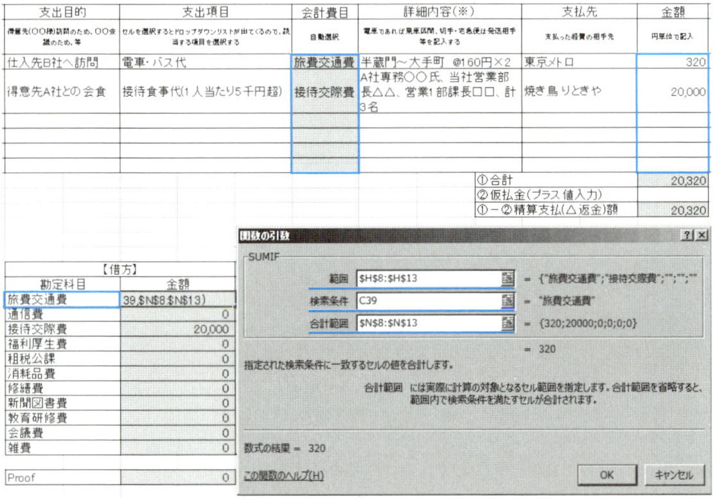

❷【貸方】金額欄

借方の金額合計から仮払金を引いた金額を未払費用とします(図11)。

■図11 【貸方】金額欄

【借方】		【貸方】	
勘定科目	金額	勘定科目	金額
旅費交通費	320	未払費用	=SUM(E39:F49)-I40
通信費	0	仮払金	0
接待交際費	20,000		
福利厚生費	0		
租税公課	0		
消耗品費	0		
修繕費	0		
新聞図書費	0		
教育研修費	0		
会議費	0		
雑費	0		

❸ **合計金額の計算チェック（Proof）**

　経理処理欄の借方金額合計から経費精算書に入力された合計金額を差し引き、入力された金額がすべて集計されていることを確認します（図12）。「タテ計とヨコ計の一致を確かめる」（131ページ）でもお話ししましたが、合計金額の計算チェックをすることによって、つまらないミスを防ぐことができます。

■図12　金額の確認

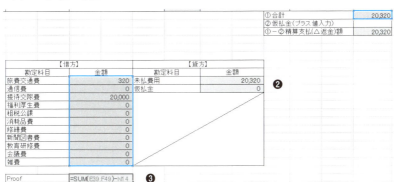

　経費精算書のシートが完成したら、最後に「シートの保護」を使って、不要な項目を入力できないようにします。設定方法は「第1部 第3章 **2** 不要な変更を防ぐシートの保護」（66ページ）をご覧ください。また、「マスタ」（立替経費項目一覧表）のシートは、経費精算表の利用者にとって不要な情報のため、シートを非表示にしておくのがよいでしょう。

2 決算推移表・比較表の作成

みなさまの中には、B/S（貸借対照表）やP/L（損益計算書）などの時系列分析を行っている方もいらっしゃるのではないでしょうか。そのような分析を行う時には、過去データを推移表の形で整理しておき、簡単に比較ができるエクセルファイルを作成しておくと便利です。そこで今回は、①B/S、P/L推移表を作成するときのポイント　②HLOOKUP関数を使って自動的に比較表を作成する、の順番で説明していきます。

① B/S、P/L推移表を作成するときのポイント
1 B/S、P/Lデータは値で貼り付ける

推移表を作成する前提として、B/S、P/Lデータの数字は、会計システムからのエクスポート、もしくは他のエクセルファイルで作成した数字を使うことにします。他のエクセルファイルの数字を推移表にコピーするときには、「形式を選択して貼り付け」を使って「値」のみを貼り付けることをおすすめします（図1）。

数値を値で貼り付けることによって、「参照先のアドレスがセルに入力されてしまいファイルが重くなる」、「エクセルファイルを開く都度、外部ファイルへのリンクを更新するか否かのメッセージが出てくる」というような不都合を防ぐことができます。なお、B/SとP/Lの推移表は異なった期間で比較ができるように、シートを分けておいた方がよいでしょう。

2 表の左端に行の連番を入力する

後ほど作成する比較表では、HLOOKUP関数を使って推移表の数字を検索します。HLOOKUP関数は「検索値の下に続くデータの中から、何行目のデータを持ってくるか」という形で必要な数字を引っ張ってくるのですが、この時に行番号の入力を簡単にするために、表の左端に対象年月が記載された行を「1」とした連番を表の下端まで入力します。

3 年月を名前登録する

　後ほど作成する比較表で、ドロップダウンリストを使って比較対象データの年月を選択できるようにするため、推移表の横軸に記載されている「2014/6」「2014/9」などの部分を「年月」という名前で登録します。この時のポイントは、推移表の一番右に余裕列を作り、余裕列までの範囲を登録することです。このような状態で前回データの右側に一列挿入し新規データを貼り付けると、自動的に年月という名前で登録したセルの範囲が広がります。名前の登録方法は「第1部 第1章 5 ドロップダウンリストを使って効率的に入力する」(32ページ)をご覧ください。

■図1　B/S、P/L推移表を作成するときのポイント

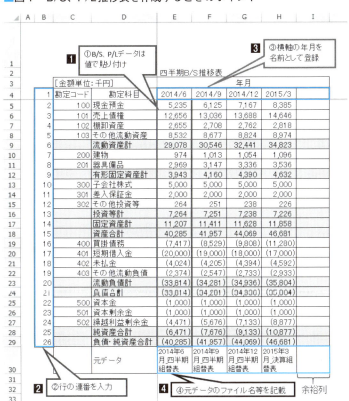

4 元のデータのファイル名を記載する

B/S、P/Lの推移表に使用した元データのファイル名を記載することによって、元データをすぐに見つけられるようにしておきます。

② HLOOKUP関数を使って自動的に比較表を作成する

1 比較表のひな型の作成

それでは次はHLOOKUP関数を使って比較表を作成します。HLOOKUP関数を使った推移表では「2014/6」という「年月」を検索値とし、表の左端に入力した「行番号」を使って該当する数字を持ってくるしくみのため、推移表と比較表の縦軸の項目を完全に一致させる必要があります。そこで比較表を作成する時には、推移表をコピーして比較表のシートに貼り付けます。比較対象となる2期分の枠については、入力されている数字を削除して書式のみを残します。

■図2 比較表のひな型の作成

	勘定コード	勘定科目		
	[金額単位：千円]			
1	勘定コード	勘定科目		
2	100	現金預金		
3	101	売上債権		
4	102	棚卸資産		
5	103	その他流動資産		
6		流動資産計		
7	200	建物		
8	201	器具備品		
9		有形固定資産計		
10	300	子会社株式		
11	301	差入保証金		
12	302	その他投資等		
13		投資等計		
14		固定資産計		
15		資産合計		
16	400	買掛債務		
17	401	短期借入金		
18	402	未払金		
19	403	その他流動負債		
20		流動負債計		
21		負債合計		
22	500	資本金		
23	501	資本剰余金		
24	502	繰越利益剰余金		
25		純資産合計		
26		負債・純資産合計		

入力されている数字を削除する

2 ドロップダウンリストの設定

年月を入力するセルには入力規則（32ページ参照）を利用し、推移表の作成時に登録した「年月」をリストから選択できるようにします。すると、ドロップダウンリストから年月を指定できるようになりますので、このセルの内容を隣のセルにもコピーします。隣のセルにコピーをしたら、ドロップダウンリストから「2014/6」と「2015/3」を選択します（図3）。

■図3　ドロップダウンリスト

	[金額単位:千円]		年月	
1	勘定コード	勘定科目	2014/6	2015/3
2	100	現金預金		
3	101	売上債権		
4	102	棚卸資産		
5	103	その他流動資産		
6		流動資産計		

3 数値の入力欄にHLOOKUP関数を入力する

必要な情報を取り出す時に便利な関数には、前項の「 1 経費精算書の作成」で紹介したVLOOKUP関数と、今回説明するHLOOKUP関数があります。VLOOKUPのVは「Vertical（垂直）」を意味し、縦方向の情報を検索する時に使用します。それに対して、HLOOKUPのHは「Horizontal（水平）」を意味し、横方向の情報を検索するときに使用します。

数式を入力する「E5」セルを選択した状態で「関数の挿入」ボタンをクリックし、HLOOKUP関数を選択します。HLOOKUP関数は引数に検索値、範囲、行番号、検索方法の4つを取りますので、順番に内容を説明します（図4）。

（1）検索値

「年月」を検索値として推移表の数字を引っ張ってくるため、「年月」が表示される「E4」セルを選択します。今後他のセルにも数式をコピーすることを考え、「F4」キーを2回押して行のみを絶対参照としておきます。

■図4　検索値の設定

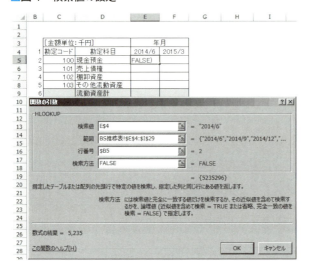

（2）範囲

　検索値に対応するデータを引っ張ってくる範囲を指定します。先ほど作成した「BS推移表」（151ページ図1）の「E4」〜「I29」までを選択します。今後他のセルに数式をコピーした時に範囲がずれないようにするため、「F4」キーを1回押して行と列を絶対参照とします。

（3）行番号

　行番号は検索値を1行目とし、検索値の下に続くデータの中から、何行目のデータをもってくるかというものです。「E5」セルに該当する現金預金の数字をもってきたいときには、現金預金の数字は検索値である「2014/6」から数えて2行目にあるため「2」と入力します。

　しかしながら、行番号を直接数字で入力すると、数式を他のセルにコピーして利用することができないため、推移表の作成時に勘定コードの左側に示した年月の行を「1」とする連番をふり、参照式を使ってこの数字を利用することにしました。現預金に該当する番号が記載されている「B5」を選択し、

「F4」キーを3回押して列のみ絶対参照とすることによって、他のセルに数式をコピーしてもB列に記載された行番号をもってこられるようにします。

(4) 検索方法

「FALSE」と入力します。

この後は「E5」セルをコピーし、比較表のB/S数値を表示させるセル全体（「E5」～「F29」）に貼り付けます。貼り付けるときには、「形式を選択して貼り付け」の数式を選択して貼り付けてください（図5）。

■図5　他のセルに数式をコピー

	A	B	C	D	E	F
1						
2						
3			[金額単位:千円]		年月	
4		1	勘定コード	勘定科目	2014/6	2015/3
5		2	100	現金預金	5,235	8,385
6		3	101	売上債権	12,656	14,646
7		4	102	棚卸資産	2,655	2,818
8		5	103	その他流動資産	8,532	8,974
9		6		流動資産計	29,078	34,823
10		7	200	建物	974	1,096
11		8	201	器具備品	2,969	3,536
12		9		有形固定資産計	3,943	4,632
13		10	300	子会社株式	5,000	5,000
14		11	301	差入保証金	2,000	2,000
15		12	302	その他投資等	264	226
16		13		投資等計	7,264	7,226
17		14		固定資産計	11,207	11,858
18		15		資産合計	40,285	46,681
19		16	400	買掛債務	(7,417)	(11,280)
20		17	401	短期借入金	(20,000)	(17,000)
21		18	402	未払金	(4,024)	(4,592)
22		19	403	その他流動負債	(2,374)	(2,933)
23		20		流動負債計	(33,814)	(35,804)
24		21		負債合計	(33,814)	(35,804)
25		22	500	資本金	(1,000)	(1,000)
26		23	501	資本剰余金	(1,000)	(1,000)
27		24	502	繰越利益剰余金	(4,471)	(8,877)
28		25		純資産合計	(6,471)	(10,877)
29		26		負債・純資産合計	(40,285)	(46,681)

4 増減金額と増減比率の計算

ここまでの作業で推移表から2期間の数字を引っ張ってくることができました。最後に比較分析を行うための増減額と増減率の計算式を入力すれば比較表の完成です（図6）。増減率の部分は、50％以上増減した項目を赤字で表示するよう条件付き書式を設定すると、著しい増減を一目で把握することができ、分析の時間を短縮することができます。

■図6　比較表（完成）

	A	B	C	D	E	F	G	H
1								
2								
3							[金額単位：千円]	
4		1	勘定コード	勘定科目	2014/6	2015/3	増減額	増減率
5		2	100	現金預金	5,235	8,385	3,150	60.2%
6		3	101	売上債権	12,656	14,646	1,990	15.7%
7		4	102	棚卸資産	2,655	2,818	163	6.1%
8		5	103	その他流動資産	8,532	8,974	443	5.2%
9		6		流動資産計	29,078	34,823	5,744	19.8%
10		7	200	建物	974	1,096	122	12.5%
11		8	201	器具備品	2,969	3,536	567	19.1%
12		9		有形固定資産計	3,943	4,632	689	17.5%
13		10	300	子会社株式	5,000	5,000	0	0.0%
14		11	301	差入保証金	2,000	2,000	0	0.0%
15		12	302	その他投資等	264	226	(38)	-14.3%
16		13		投資等計	7,264	7,226	(38)	-0.5%
17		14		固定資産計	11,207	11,858	651	5.8%
18		15		資産合計	40,285	46,681	6,395	15.9%
19		16	400	買掛債務	(7,417)	(11,280)	(3,863)	52.1%
20		17	401	短期借入金	(20,000)	(17,000)	3,000	-15.0%
21		18	402	未払金	(4,024)	(4,592)	(568)	14.1%
22		19	403	その他流動負債	(2,374)	(2,933)	(559)	23.5%
23		20		流動負債計	(33,814)	(35,804)	(1,990)	5.9%
24		21		負債合計	(33,814)	(35,804)	(1,990)	5.9%
25		22	500	資本金	(1,000)	(1,000)	0	0.0%
26		23	501	資本剰余金	(1,000)	(1,000)	0	0.0%
27		24	502	繰越利益剰余金	(4,471)	(8,877)	(4,406)	98.5%
28		25		純資産合計	(6,471)	(10,877)	(4,406)	68.1%
29		26		負債・純資産合計	(40,285)	(46,681)	(6,395)	15.9%

（1）増減額（セルG5）に入力されている式……「=F5-E5」
（2）増減率（セルH5）に入力されている式……「=G5/E5」
（3）条件付き書式の設定方法については「第1部 第4章 1「条件付き書式」を使って必要なデータを目立たせる」（82ページ）をご覧ください。

第3部

分かりやすく伝える説明の技術

第1部と第2部を通じて、「仕事の効率性を高めるエクセルテクニック」と「見やすく使いやすい資料の作り方」について説明しました。しかしながら、せっかく見やすく使いやすい資料を作っても、ポイントを絞って分かりやすく伝えることができなければ高い評価を得ることはできません。そこで第3部では、情報を整理して分かりやすく伝える説明の技術を紹介したいと思います。

　「第1章　なぜコミュニケーションが難しくなったのか」ではコミュニケーションが難しくなった背景を分析しながら、有効な解決策を考えていきます。「第2章　分かりやすく伝えるための説明の技術」では、説得力のあるシナリオの作り方や経営者に対する月次決算説明のケーススタディ、ソフトバンクの孫正義社長のプレゼンなどを紹介しながら、実践的な説明の技術を紹介します。

第1章 なぜコミュニケーションが難しくなったのか

1 コミュニケーションが難しくなった理由を分析する

　多くの方がコミュニケーションを難しいと感じるようになったのは、社会人になってからではないでしょうか。私も大学生の頃は、自己紹介やプレゼンなどの人前で話をする状況では緊張することがありましたが、クラスの友人とも仲良くやれましたし、コミュニケーションについての悩みは特にありませんでした。

　ところが社会人になるとすぐに、コミュニケーションに悩みをかかえるようになりました。会計士の仕事をしていく中で、クライアントの方にどのように話しかければよいのか分からずに緊張しましたし、実際に話をすると「君の話はよく分からないから、もっと落ち着いて話してもらえないかな」と言われてしまいました。

　そのような状況の中で、「なぜ、学生時代のようにうまくコミュニケーションができないのだろうか？」と考えてみたところ、「話す内容の複雑性」と「話し相手の多様性」の2つが学生時代と大きく変わったことに気がつきました（図1）。

■図1　学生と社会人のコミュニケーションの違い

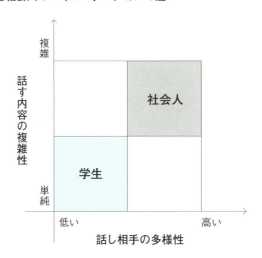

① 話す内容の複雑性

　学生時代に友人と話した内容は、好きな音楽や映画などの趣味に関するものやアルバイトなど身近な話題がほとんどでした。また、何かの課題を解決するために話をすることはほとんどなく、論理的思考能力よりも相手の感情を受けとめながら楽しく話をする能力の方が大切でした。

　それに対して社会人になると、課題を解決するために複雑な話をしなければならなくなりました。例えば、会計士の仕事では「御社の決算書の数字を見たところ、売掛金の数字が大きく増えています。売掛金が増加した理由を調べるために××という資料を見せていただけないでしょうか。また、売掛金の回収状況を調べたいので××という資料も見せてください」というように、複雑な内容を分かりやすく説明する能力を求められるようになりました。

② 話し相手の多様性

　学生時代の話し相手の大部分は、同じ大学生でした。大学生同士で話をするときには、お互いのバックグラウンドや雰囲気が近いので、話をすることはそれほど難しくありません。それに対して社会人になると、40代や50代のビジネスマンの方と話をしなければならなくなりました。社会人になる前は、そのような方とお話しする機会はほとんどなかったため、最初の頃は話をするだけでも緊張しました。

　近年コミュニケーションに悩む人が増えたのは、昔よりも情報量が増えたことによって話の内容が複雑になったことに加え、話し相手の多様性が高くなったからだと考えられます。会計士業界で考えると、私が会計士として仕事を始めた18年前は、「監査小六法」という辞書サイズの本を参考にすれば仕事を進めることができました。その後業務で必要な情報はどんどん増えていき、現在では「会計監査六法」という電話帳サイズで3,000ページを超える本に加えて、日本公認会計士協会のWebサイトなどからもリアルタイムに情報を収集しなければ業務を行うのが難しくなってきました。

　もちろん会計士業界だけではなく、すべての業界で業務に必要な情報量が増えたため職場で話す内容も複雑になってきたと考えられます。また、業務の多様化、グローバル化を通じてバックグラウンドや価値観の異なる人と一緒に仕事をする機会が増えたことも、コミュニケーションが難しくなったと感じる理由でしょう。

　外資系企業（グローバル企業）では、言語や価値観が異なる社員が協力して業務を行わなければならないため、一人ひとりの業務内容を言語化（マニュアル化）して明確にするのが一般的ですが、日本企業にはあまりそのような習慣はないようです。そこで、日本企業と外資系企業のマネジメントスタイルを比較しながら、両者のメリットとデメリットについて考えてみたいと思います。

2 暗黙知に頼る日本企業、形式知を重視する外資系企業

　企業のマネジメントスタイルは国によって変わってきます。相手の気持ちを察するという文化のある日本では、業務内容を文書にして明確にするよりも、先輩の背中を見ながら仕事を覚えるという「暗黙知」を重視したマネジメントスタイルの会社が多いのではないでしょうか。それに対して外資系（グローバル）企業では、業務内容をマニュアルにして明確にし、各社員はそのマニュアルに従って業務を進めるという「形式知」を重視したマネジメントスタイルが多いようです。

　両者のマネジメントスタイルの違いを、経理業務を例に説明したいと思います。日本にある外資系企業が経理業務を行う時には、親会社から送られてくる業務内容が細かく記載されたアカウンティングマニュアルに従い、間違いなく業務を行うことが求められます。これに対して日本では、同じような状況であっても子会社の業務内容にはあまり口出しをせずに、子会社のやり方を尊重しながら数字ができあがるのを待つ企業が多いと感じます。

　外資系企業のように形式知を重視するメリットは、一人ひとりの社員の言語や価値観が異なった状況においても混乱が少なく、一定レベルの業務を行うことができるという点です。業務内容を詳細にマニュアルとして残しておけば、業務の引継ぎもスムーズに行うことができます。また、世界共通言語である数字を重視するため意思決定が早く、特に不採算事業からの撤退のタイミングがうまいと感じます。

　日本企業のように暗黙知を重視するメリットは、先輩社員の仕事ぶりを見て覚えることによって、形式知では伝えることができない細やかな部分を大切にするという文化が育つことでしょう。そのため、自動車や電子部品などの製品のクオリティが重要となる製造業では国際的な競争力をもっています。また、マニュアルによって個人の業務を詳細に規定していないため、全社員

が目標を達成するために一丸となって行動できるというカルチャーは外資系企業にはない強みだといえます。

　日本企業は暗黙知を重視するマネジメントによって、全社員が一丸となって目標を達成するための行動ができるという点では優れているのですが、バックグラウンドの異なる社員が増えてくると社内での情報共有に混乱をきたすというデメリットがあり、これが多くの日本企業の悩みでもあります。そのような問題を解決するためには、形式知として必要な情報を共有する組織文化を作るだけではなく、会社内部で作成する資料のフォーマットを標準化し、社員の一人ひとりが分かりやすく伝えるための説明の技術を身につけることが大切だと感じています。

3 分かりやすく伝えるための３つのポイント

　ビジネスの現場で話される内容が複雑になり、業務の多様化、グローバル化を通じてバックグラウンドや価値観の異なる人と一緒に仕事をする機会が増えたことによって、ビジネスでのコミュニケーションは難しくなってきました。そのような状況の中で自分の考えを分かりやすく伝えるためには、「情報をシンプルに」「構造をロジカルに」「表現をイメージしやすく」という３つのポイントに気をつけることが大切です（図２）。

■図２　分かりやすく伝えるための３つのポイント

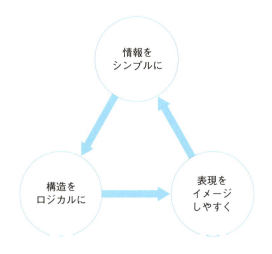

　「情報をシンプルに」するためには、相手がどのような情報を必要としているかをしっかりと見極めなければなりません。例えば、決算書の内容を説明する場合であっても、相手が経営者、銀行員、会計士と異なれば、知りたいポイントは異なります。直接話ができるときには質問を通じて相手が必要としている情報を把握し、そうでない場合もできるだけ相手の情報を入手して、相手のニーズを見極めることが大切です。

伝える情報が決まったら「構造をロジカルに」することによって、情報を伝わりやすくする必要があります。最初に構成図などを使って全体像を分かりやすく説明し、その後詳細な情報を秩序立てて説明していくと、聞き手が内容を予測することができるため理解度が高くなります。また、分岐図を使って相手の反論ポイントを考えながら、伝える内容を準備すると説得力のあるストーリーを作ることができます。

　伝えるべき「情報」と伝え方である「構造」が決まったら、「イメージしやすい表現」を使って、自分の考えを相手に分かりやすい形で伝えることが大切です。そのためには、相手の経験などを十分に考慮しながら伝わりやすい表現を探したり、グラフを使って数字を視覚的に表すというように表現方法を工夫することが必要となります。

　ここまでは「情報」「構造」「表現」という順番で説明してきましたが、この３つは深く結びついているため相互作用があります。「イメージしやすい表現」を考えているうちに「伝えるべき情報」がより明確になってきますし、「伝えるべき情報」が明確になると「構造もシンプル」になり、より分かりやすくなってきます。「情報」「構造」「表現」という３つのポイントのバランスを取りながらブラッシュアップすることが大切です。

　PwC時代に「情報をシンプルに」「構造をロジカルに」「表現をイメージしやすく」の３つを意識しながらコミュニケーションを取るようにしたところ、上司から「最近、仕事ができるようになったね」と褒められるようになりました。この時に痛感したことは、「伝わった分しか評価されない」ということです。

　伝えることが苦手だった時も、データ分析や資料作成などのスタッフとしての業務は一生懸命やっていましたし、作成した資料のクオリティも決して低くはなかったと思います。しかしながら、自分の考えを分かりやすく伝え

ることができないと、「こいつは仕事ができない」と評価されてしまうのです。これは、すごくもったいないことです。

　この経験をきっかけとして、私の中の仕事に対する意識が変わりました。もちろん、データ分析や資料の作成などの個々の業務のクオリティを上げることは大切ですが、その内容を伝えることができなければ評価されることはありません。この頃から私の意識は「個別の業務を頑張る」から「伝わるように仕事をする」に変わっていきました。そこで第2章では、私が試行錯誤を繰り返しながら身につけた「分かりやすく伝えるための説明の技術」を紹介したいと思います。

第2章 分かりやすく伝えるための説明の技術

　第1章で、自分の考えを分かりやすく伝えるためには「情報をシンプルに」「構造をロジカルに」「表現をイメージしやすく」という3つのポイントに気をつけることが大切だというお話をしました。この3つのポイントを言葉にすることは簡単ですが、実行するのはなかなか難しく、私も数多くの失敗を繰り返しながら伝える技術を身につけてきました。そこで第2章では、私の失敗談を踏まえながら、わかりやすく伝えるための具体的な方法を説明したいと思います。

　「**1 分かりやすく伝えるための準備**」では、分かりやすく伝えるために必要な準備を「情報」「構造」「表現」「ブラッシュアップ」という4つのカテゴリーに分けて説明していきます。「**2 ［ケーススタディ］月次決算の数字を分かりやすく説明する**」では経営者に対する数字の説明方法を、「**3 有名企業のIR資料分析**」ではメッセージを伝えることが上手な5社のIR資料を紹介します。

1 分かりやすく伝えるための準備

　自分の考えを分かりやすく伝えるためには「情報をシンプルに」「構造をロジカルに」「表現をイメージしやすく」という3つのポイントに気をつけながら説明することが大切です。「情報をシンプルに」するためにはターゲットを明確にして必要な情報を厳選する必要がありますし、「構造をロジカルに」して内容を伝わりやすくするためには、構成図などを作成しながら話す内容を整理する必要があります。

　また、プレゼンなどの失敗が許されない状況では、分岐図を描きながら事前に想定される反論ポイントを予想した上で、説得力のあるシナリオを準備しておくことが必要ですし、リハーサルを繰り返しながら情報をブラッシュアップすることも大切です。それでは、私が説明をするときに気をつけている7つのポイントを紹介します。

■図1　わかりやすく伝えるための7つのポイント

	カテゴリー	内容
①	情報	ターゲットを明確にして必要な情報を厳選する
②	構造	構成図を作って伝える内容を整理する
③	構造	分岐図を描きながら説得力のあるシナリオを考える
④	表現	相手がイメージしやすい表現で伝える
⑤	表現	ターゲットに合わせて数字の伝え方を工夫する
⑥	ブラッシュアップ	声を出して資料を読む
⑦	ブラッシュアップ	アウトプットを繰り返しながら情報を吟味する

① ターゲットを明確にして必要な情報を厳選する

　プレゼンなどの資料を作成する時に一番大切なのは、ターゲットを明確にして必要な情報を厳選することです。クライアントに提出する資料を作成するために上司と打ち合わせをしたところ、提出資料の中に10個のトピックを入れるように指示がありました。翌日、作成した資料を上司に見せたとこ

ろ、「うーん。これは、使えないな。これもダメだな。これは結構、いいかもしれないな。これもやめた方がいいかな」と言いながら、10個中6個のトピックを捨てるという判断をされました。

私が「せっかく書いたのに、6個も捨てちゃうんですか！」と言ったところ、上司から「明日のミーティングは社長が出席するよね。社長にとってバリューの低い情報は省くべきだと思うんだ。10個中、4個バリューの高い提案をしても、6個バリューの低い提案をしたら、『少しはいいことを言ったけど、役に立たない提案が多かったな』という印象を与えてしまう。それよりも4個のトピックを、もっと詳しく説明した方がいいと思うんだ」と言われました。

その後付け加えるように「でも、何が価値のある情報かっていうのは、実際に資料の形でアウトプットしてみないと分からないよね。もし、僕が捨てると判断したトピックの中で、あなたが捨てない方がいいと思う項目があったら、最終資料に入れておいてください。ただし、その項目を入れることによって、ミーティングのバリューを上げる自信がなかったら、入れないように」と言われました。

その時に感じたことは、相手のニーズに合わせて情報を選択する重要性です。現場の細かい情報を必要とする経理部長がメインのミーティングであれば、10個のトピックをすべて報告した方がバリューは上がると思います。その一方で、現場の細かい情報を必要としない社長に10個のトピックをすべて報告することは、バリューを下げることにつながります。私はこのような経験を通じて、ターゲットを明確にして必要な情報を厳選することの大切さを学びました。

② **構成図を作って伝える内容を整理する**
プレゼンやミーティングの準備を一生懸命すればするほど、伝えたい内容

が増えてしまうものです。しかしながら、プレゼンやミーティングは時間の制約が厳しいので、伝えたい内容を時間内にまとめなければなりません。そこで私は、構成図を作って内容を整理することによって、限られた時間内に分かりやすく伝える努力をしています。

　私は以前、「これからの経理部員に必要な能力」というテーマで、「経理部員が知っておきたい決算書分析とプレゼンのコツ」という研修を行いました。この時には伝えたい内容が多くて、何をどのように伝えるのがよいのか悩んでいました。そこで図1のような構成図を作成し、伝える内容を俯瞰しながら整理していきました。それでは、構成図を作って内容を整理する方法を説明していきます。

■図1　これからの経理部員に必要な能力

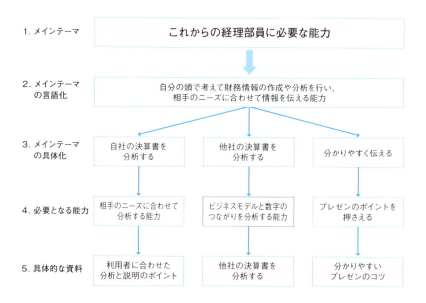

　最初に「1．メインテーマ」の部分に「これからの経理部員に必要な能力」と記載します。次に「これからの経理部員に必要な能力」を一言で表すと、

どのような言葉がふさわしいかを考え、「2．メインテーマの言語化」の部分に記載します。その次は、メインテーマを実現するために何が必要かを考え、「3．メインテーマの具体化」の部分に記載します。

「3．メインテーマの具体化」の部分を記載したら、次は「4．必要となる能力」を記載します。例えば、自社の決算書の分析は経営者や会計士に説明するために行うことが多いため、「4．必要となる能力」に「相手のニーズに合わせて分析する能力」と記載しました。最後に「5．具体的な資料」の部分に「利用者に合わせた分析と説明のポイント」と記載し、パワーポイントで資料を作っていきました（図2）。

■図2　研修資料（目次）

```
目次

1．はじめに                           4．分かりやすいプレゼンのコツ
  1．1 経理部員に必要な能力              4．1 分かりやすく伝えるためのポイント
  1．2 プレゼンで大切なこと              4．2 伝えたい内容を構造化する
2．利用者に合わせた分析と説明のポイント    4．3 ターゲットに合わせて数字の伝え方
  2．1 経営者に向けての説明のポイント        を工夫する
  2．2 銀行員に向けての説明のポイント    4．4 説得力のあるシナリオを作る
  2．3 会計士に向けての説明のポイント    4．5 決算説明会資料（動画）を見る
3．他社の決算書を分析する
  3．1 他社の情報を分析するメリット
  3．2 他社の情報の入手方法
  3．3 有価証券報告書を使った決算書
      トレーニング
  3．4 マクドナルドのビジネスを分析する
  3．5 フリーキャッシュ・フロー
```

このように説明すると、図1の「1．メインテーマ」から「5．具体的な資料」を作成した後でパワーポイントの資料を作ったように見えますが、実際は図1とパワーポイントの資料の作成を何度も行き来しながら内容を整理

していきました。このように構成図を作成しながら伝える内容を整理すると、ロジカルな構造の資料を作成することができるため、分かりやすく伝えることができます。また、プレゼンの最初に構成図を入れて伝える内容の全体像を説明すれば、相手の頭の中に話す内容のイメージができるため、その後の内容を分かりやすく伝えることもできます。

③ 分岐図を描きながら説得力のあるシナリオを考える

　企業が成長するためには工場や店舗などの設備投資や、M&Aなどの事業投資が必要となります。最近ではソフトバンクのスプリント社の買収やサントリーのビーム社の買収など、国境を越えた大型M&Aも数多く行われるようになりました。設備投資やM&Aなどの事業投資を行うときには、投資の採算性についてのシミュレーションを行いますが、未来のことは不確定なので誰にも分かりません。

　不確定な要素を説明するときに気をつけることは、相手が反論しそうなポイントを予想し、反論に対する準備をしておくことです。そのため、私は不確定な要素を説明する前には、分岐図を描きながら反論が出そうなポイントを探し出し、そのポイントに対する答えを一つ一つ準備しておきます。そこで、今回は投資を検討しているA社の価値を説明するというシチュエーションで、説得力のあるシナリオの作り方を説明していきます。

　A社の価値を計算したところ100億円となり、その根拠について次のように伝えたとします。

> A社の価値は100億円です。100億円という数字は、事業計画を5年、割引率を5％として計算しました。

※ここでは「事業計画」や「割引率」という言葉の意味は分からなくても、数字の部分を反論が予想されるポイントと理解していただければ結構です。

1 反論が予想されるポイントのピックアップ

> A社の価値は100億円です。100億円という数字は、事業計画を5年、割引率を5％として計算しました。

　最初に反論が予想されるポイントをピックアップします。今回の結論は「A社の価値は100億円」ということですが、その前提となる「5年」や「5％」という数字は、様々な可能性の中からもっとも合理的だと思われる数字を選択したものです。この数字以外にも他の可能性が考えられるため反論が予想されるポイントになります。

2 分岐図を描きながら予想される反論を検討する

　反論が予想されるポイントを見つけたら、分岐図を描きながら予想される反論を検討します（図1）。A社の価値を計算するときの前提として、事業計画は5年以外にも3年と7年が考えられるとします。また、割引率は5％だけではなく、3％と7％が考えられるとします。その他にも様々な可能性を考えることができますが、あまりパターンを増やしても複雑になってしまうため、代表的な3パターン程度に絞るのがよいでしょう。

■図1　分岐図を描きながら予想される反論を検討

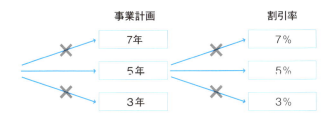

3 反論されないストーリーを作る

　予想される反論の検討が終わったら、次は反論されないストーリーを作ります。反論されないストーリーを作る目的は、今回のように複数の選択肢の中から「5年という事業計画」と「5％という割引率」という選択が最も合理的であるということを納得していただくことです。このような状況においては、私は次のようなストーリーを作って説明をします。

「A社の価値は100億円です。100億円という数字は、事業計画を5年、割引率を5％として計算しました」。その後反論を封じるために、次のように言葉を加えます。

「事業計画を5年とした理由は、3年ではこのビジネスの可能性を測るには短すぎますし、7年ではこれだけ変化の激しい時代には長すぎます。そのように考えると事業計画の見積もり年数としては5年が一番適切と考えます」

　大切なのは相手からの質問が出る前に、事業計画を5年にした理由を先回りして説明することです。疑問を感じる前に納得できる理由を言われてしまうと、5年が唯一絶対の答えでなかったとしても、他の選択肢である7年や3年よりは正しいのではないかと感じてしまうのです。

　ここでひと呼吸おいて、まわりを見ながら納得しているようでしたら次の説明に入ります。もし、納得していないような空気が漂っている場合は事業計画を5年とした理由をさらに詳しく説明します。事業計画を5年としたことに納得していただいたら、後半の割引率を5％とした根拠を説明していきます。

「つい先日に企業買収が行われたB社は、今回のA社と同じような企業規模で同じようなビジネスを行っています。B社の企業価値を評価するときには5％の割引率が使われましたので、今回のA社の企業価値を測る割引率と

しても５％が適切だと考えます。

　また、割引率は他にも７％と３％という数字が考えられるかもしれませんが、３％という割引率はビジネスが非常に安定していてリスクの低いときにしか使われないため、今回のＡ社の企業価値を測るのにはふさわしくないと考えられます。また、７％というのはもっとリスクの高いビジネスの価値を測るときに使われるため、同じく今回のＡ社の企業価値を測るのにはふさわしくありません。そのように考えると割引率は５％が最も適切だと考えられます」

　このように反論されそうなポイントについて、先回りして納得できる理由を説明することは、とても重要です。相手が疑問を感じる前に数字の根拠を分かりやすく説明することによって、ディスカッションの場の空気に納得感を与えることができます。

　この「場の空気」というのはとても大切で、参加者の大部分が「この数字はおかしいんじゃないか」と感じると、次から次へと反論が出てきます。人は自分の頭の中で納得すると、その時点で安心し、その事実を受け入れるという性質があります。そこで、場の空気に納得感を作るために数字の根拠を分かりやすく説明し、こちらの伝えるメッセージを受け入れやすい状況にします。

　なお、反論されないストーリーを作るためには数字の裏側にある論理をしっかりと詰めておかなければなりません。もちろん論理を詰めていく間に、５％よりも３％の方がこのシチュエーションにはふさわしいという結論になることもあります。不確定な要素を説明するときには、シミュレーションを徹底的に行った上で、なぜその結論に至ったかという思考プロセスをしっかりと説明できることがとても重要となります。

④ 相手がイメージしやすい表現で伝える

　バックグラウンドの異なる方に、複雑な内容を説明するのは難しいものです。あるベンチャー企業で上場準備のサポートをしていたときに、社長に対して月次決算の数字を説明する機会がありました。初めて月次決算の説明をしたところ、「あなたの説明は分かりにくいな。私に分かるように説明してください」とお叱りを受けてしまいました。

　月次決算説明会の後で何がいけなかったのかと反省したところ、相手のバックグラウンドについての配慮が足りないことに気づきました。ベンチャー企業の経営者は当然、自社が行っているビジネスについてはすべて知っていますし、資金繰りもだいたい把握されています。ただ、決算書を読むのはあまり得意ではないようで、損益計算書は概ね理解されているようでしたが、貸借対照表の数字を説明しているときには「よく分からないな」という顔をされていました。

　そのような状況を考慮して、次回の月次決算説明会では「貸借対照表の機械800万円というのは、昨年9月に1,000万円で購入したものです。差額の200万円については、すでに減価償却費として損益計算書に計上されました」「貸借対照表の売掛金は通常よりも多くなっていますが、翌月3日に回収されていますので、特に問題になるようなものは残っていません」というように、ビジネスの動きと決算書の数字の結びつきを丁寧に説明しました。

　このような説明を行ったところ、経営者の方から「前回の説明は分かりにくかったけど、今回の説明はすごく分かりやすかったよ」と非常に喜んでいただきました。そしてこれを機に、経営者の方からいろいろな相談を受けるようになりました。過去の経験によってイメージしやすい表現は変わってきますので、相手のバックグラウンドを十分に考慮しながらイメージしやすい表現を使って伝えることが大切となります。

⑤ ターゲットに合わせて数字の伝え方を工夫する

　数字でメッセージを伝えるのは難しく、同じ内容を伝える場合でも相手のニーズに合わせて伝え方を工夫しなければなりません。そこで今回は、ヤフーの2004〜2011年のROEと当期純利益の推移を例として、①一般的なプレゼン、②会計士やアナリストなど数字に強い人への説明という2つのシチュエーションを想定し、ターゲットに合わせた数字の伝え方を説明します。

①一般的なプレゼン

　資料の中の情報が増えれば増えるほど、内容を理解するのに時間がかかってしまいます。そのため、一般的なプレゼンでは図1のように論点以外の数字をカットして、グラフを使ってメッセージを伝えるようにするのがよいでしょう。ちなみに、図1のグラフと表を見ていただくと分かるように、7年連続増収増益ですが、ROEの数字はほぼ右肩下がりとなっています。

■図1　一般的なプレゼン

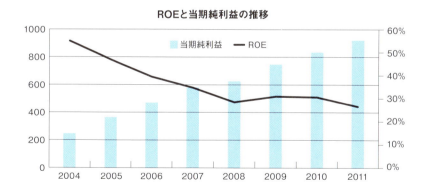

ROEと当期純利益の推移

財務関連指標　　　　　　　　　　　　　　　　　　　　　　　　　　　（単位：億円）

	2004年3月	2005年3月	2006年3月	2007年3月	2008年3月	2009年3月	2010年3月	2011年3月
売上高	758	1,178	1,737	2,126	2,620	2,658	2,799	2,924
当期純利益	248	365	471	580	626	747	835	922
自己資本	598	961	1,425	1,907	2,481	2,341	3,096	3,823
自己資本利益率(ROE)	55.0%	46.9%	39.5%	34.8%	28.5%	31.0%	30.7%	26.6%

このような結果となるのは、ROEを計算するときの分母となる自己資本の金額の伸び率が、分子となる当期純利益の伸び率を上回っているからです。そのため、ROEの数字を高く保つためには、配当や自己株式の購入を通じて分母を減らす必要があります。ちなみに、論点以外の数字を見せないというのは、ソフトバンクの孫正義社長がよく使うテクニックでもあります。ソフトバンクのIR資料については「有名企業のIR資料分析」（193ページ）で紹介しています。

2 会計士やアナリストなどの数字に強い人への説明

　それでは次は、会計士やアナリストなど数字に強い人に対する伝え方を説明します。私が図1で説明した資料を見るときには、最初にグラフを見てメッセージを理解し、次に財務関連指標の数字の推移を分析します。自己資本利益率（ROE）の数字を見ると、大きなトレンドでは減少傾向にありますが、2009年3月期にはROEの数字が増加していますので、背景に何があったか気になります。また、ROEだけではなく、ROAの動きについても知りたいものです。

　そのため、数字に強い人向けにはグラフを使わずに表の内容を充実させるのがよいでしょう（図2）。図2を見ると、2008年3月期から2009年3月期にかけてROEもROAも上昇しています。その理由は、2009年3月期に自己株式を816億円取得することによって、ROEの分母となる自己資本とROAの分母となる総資産を圧縮したことによります。自己株式の取得の原資となったため、現金及び現金同等物の数字は2008年3月期の1,130億円から2009年3月期の370億円と大きく減少しています。

■図2　数字の強い人向け資料

ROEとROAの動き

	2004年3月	2005年3月	2006年3月	2007年3月	2008年3月	2009年3月	2010年3月	2011年3月
自己資本利益率（ROE）	55.0%	46.9%	39.5%	34.8%	28.5%	31.0%	30.7%	26.6%
総資本経常利益率（ROA）	63.5%	56.7%	49.7%	40.4%	35.3%	39.0%	39.3%	36.0%

財務関連指標　　　　　　　　　　　　　　　　　　　　　　　　（単位：億円）

	2004年3月	2005年3月	2006年3月	2007年3月	2008年3月	2009年3月	2010年3月	2011年3月
売上高	758	1,178	1,737	2,126	2,620	2,658	2,799	2,924
当期純利益	248	365	471	580	626	747	835	922
自己資本	598	961	1,425	1,907	2,481	2,341	3,096	3,823
総資産	824	1,302	1,910	3,184	3,697	3,116	4,183	4,717
自己資本比率	72.6%	73.8%	74.6%	59.9%	67.1%	75.2%	74.0%	81.1%
現金及び現金同等物	396	690	980	752	1,130	370	1,383	1,867

※2009年3月期に自己株式を816億円取得しています。

　ちなみに、事前にターゲットが数字に強いか弱いか分かれば問題ありませんが、事前には分からないこともあるでしょう。そのような時には図1のような資料を作成し、図2のような詳細な数字を手元に持っておき、相手からの質問に応じて情報を足していくのがよいと思います。

⑥ 声を出して資料を読む

　どれだけ一生懸命考えながら資料を作っても、実際に説明しようとすると言葉につまることがあるものです。これを「緊張したからうまく言葉が出てこなかった」と考えるか、「事前に言語化の作業をしっかりと行わなかったのが悪かった」と考えるかによって、説明技術の上達度は変わってきます。

　私は資料の作成がある程度進んだ時点で、声を出しながらリハーサルをすることによって、内容の言語化、時間配分、ツッコミの想定などを行っています。パワーポイントの資料は視覚的に内容を伝えることを重視しているため、内容を言葉で説明しようとすると、思った以上に言葉につまってしまう

ものです。そこで、言葉につまった部分や説明が冗長になってしまった部分については何度も練習しながら、なめらかに話せるようにします。

また、時間を計りながらリハーサルを行い、時間配分を考えます。分かりやすく伝えるためには時間配分が非常に大切になりますので、重要度が高い部分は丁寧に、重要度が低い部分はさらっと説明することによってバランスを取ります。また、リハーサルをしていると、突っ込まれそうな部分が見つかりますので、相手の質問を想定しながら、納得してもらえるような回答を事前に準備しておきます。

⑦ アウトプットを繰り返しながら情報を吟味する

　分かりやすく伝えるためには、事前の準備が大切です。私はプレゼンやディスカッションを行うときには、①から⑥までに説明した方法を使って、分かりやすく伝えるための準備をします。しかしながら、どれだけ準備をしても本番を迎えるまで分からないことがあります。

　例えば、経営者に初めて月次決算の説明をするときには、相手がどのくらい会計に詳しいかは分かりません。そこで、月次決算の説明をするときには、「この部分はよく理解されているようだ」「この部分はあまり理解されていないようだ」と、相手の理解度を表情から読み取り、次回までにもっと分かりやすくなるように工夫をします。私の経験では、説明方法を相手の理解度に応じて2～3回調整すると、だいたいその方に満足していただける説明パターンを作ることができました。

　私は会計士として、数多くの経営者の方に決算書の内容を説明させていただきました。その時に大切だと感じたことは、アウトプットを繰り返しながら情報を吟味していくことです。経営者の方は時間がないため、意思決定に必要な情報を短時間で入手したいと考えています。経営者の方とのディスカッションを繰り返しながら、本当に必要な情報だけを説明できるようになる

と、「ポイントを絞って決算書の説明をしてもらうようになってから、月次報告を聞くのが楽しくなったよ」と言っていただけるようになりました。

2 ［ケーススタディ］月次決算の数字を分かりやすく説明する

　分かりやすく説明するためには、事前の準備が大切になります。私も最初の頃は月次決算の数字を分かりやすく説明することができませんでしたが、何度か繰り返していくうちに、説明ポイントの抽出方法や、自分が説明しやすい資料の作成方法が見えてきました。そこで、私が月次決算の数字を説明するときに行っていた準備のポイントをお話しします（図1）。

■図1　ケーススタディの内容

	カテゴリー	内容
①	情報	増減分析による数字のチェック
②	情報	説明ポイントの抽出
③	情報	説明ポイントの裏付け
④	構造、表現、ブラッシュアップ	リハーサル及び説明資料の作成
⑤	ブラッシュアップ	本番

　最初に増減分析による数字のチェックを行いながら、決算書に記載されている多くの数字の中から説明すべきポイントを抽出します。説明ポイントの抽出を行ったら、その裏付けとなる理由を調べることによってロジカルに説明できるようにします。その後リハーサルを行いながら説明の順番を決めるとともに、グラフなどを作成することによって分かりやすく伝える工夫をします。そして最後は①～④で準備した内容を使い、月次決算報告会を想定した説明を行います。

① 増減分析による数字のチェック

　月次決算の数字が概ね確定した時点で月次推移表を作成し、数字のチェックを行います。数字のチェックを行う時には、大きな数字から小さな数字へとブレークダウンしながら分析することが大切です。それではA社の月次決算の数字を使って、増減分析による数字のチェックを行っていきます。すべての数字を分析すると長くなってしまいますので、貸借対照表の流動資産と損益計算書の売上と売上原価の部分のみを分析します。

　最初に貸借対照表の数字を分析します（図2）。流動資産の数字を見ると、2015年10月の1,225万円から2015年11月の1,445万円と220万円増加しています。主な内訳を見ると、普通預金の減少が100万円、売掛金の増加が350万円、商品の減少が90万円となっています。この中でも特に注目すべき点は、売掛金が350万円から700万円と倍になっているところです。売掛金の数字については、今後注意して分析していく必要がありそうです。

■図2　貸借対照表──流動資産の部

（単位：万円）

勘定コード	勘定科目	2015/10	2015/11	増減	増減率
100	小口現金	15	15	0	0%
110	普通預金	500	400	(100)	-20%
124	売掛金	350	700	350	100%
130	商品	240	150	(90)	-38%
131	前払費用	30	50	20	67%
141	未収入金	50	70	20	40%
143	仮払金	50	70	20	40%
151	貸倒引当金	(10)	(10)	0	0%
	流動資産合計	1,225	1,445	220	18%

次に損益計算書の数字を見てみましょう（図3）。売上高の数字を見ると、10月の300万円から11月の550万円と250万円の増加となりました。売上原価は180万円から275万円と95万円増加しています。その結果、売上総利益は120万円から275万円と155万円増加し、売上総利益率が40％から50％へと大きく改善しています。

■図3　損益計算書

(単位：万円)

勘定コード	勘定科目	2015/10	2015/11	増減	増減率
200	売上高合計	300	550	250	83%
220	売上原価合計	180	275	95	53%
240	売上総利益	120	275	155	129%
	売上総利益率	40%	50%		

　貸借対照表と損益計算書の増減分析が終わったら、次は両者の勘定科目の中で関連性の深い数字を比較しながら分析を進めていきます。貸借対照表の売掛金と損益計算書の売上の数字の関連を比較すると、売掛金の増加が350万円あったにもかかわらず、売上の増加は250万円しかありませんでした。売掛金の数字の増加が売上よりも大きいということは、売掛金の回収が滞っている可能性が高くなります。

　増減分析のポイントは、最初に貸借対照表の数字を分析して問題点を抽出した上で、損益計算書の数字を分析することです。今回の例では損益計算書の数字だけを見ると、売上と利益の数字がほぼ倍になっており何の問題も見つけることができませんが、貸借対照表の数字と比較しながら見ると、売掛金の滞留の可能性が見えてきます。このような形で決算書の増減分析が終了したら、次は説明ポイントの抽出に入ります。

② 説明ポイントの抽出

　人の注目が集まるのは数字が大きく動いたところです。そのため、今回であれば貸借対照表の普通預金、売掛金、損益計算書であれば売上と売上総利益の動きが注目されると考えられます。そこで、それらの数字を説明ポイントとして抽出し、さらなる分析を進めていきます。

③ 説明ポイントの裏付け

　経理部門で数字の動きを分析することができますが、なぜ数字がそのような動きをしたのかという、数字の裏側のストーリーは分かりません。そこで、営業マンに問い合わせをしたところ売掛金の残高について次のことが分かりました（図4）。

■図4　売掛金明細表

(単位：万円)

相手先	2015/10	2015/11	増減
G社	150	300	150
H社	50	150	100
X社	100	150	50
Y社	50	50	0
Z社	0	50	50
合計	350	700	350

（1）G社
　2015年10月末までに販売した商品の中で100万円分について、当社の出荷数量とG社の検収数量に差異が生じていたため支払が保留となっていた。この問題は現在解決しており、2015年12月末には商品代金の100万円は全額振り込まれる予定である。

（2）Y社
　2015年10月末の売掛金50万円は11月末に回収予定であったが、

Y社の資金繰りの悪化により支払を伸ばして欲しいとの要請があり、回収が滞っている。現在、商品の出荷は停止しており、資金の回収方法についてY社と話し合いを行っている。

（3）Z社
新規顧客であり11月に50万円の売上が上がった。

売上内訳について営業マンに聞いたところ、次のことが分かりました（図5、図6）。

■図5　売上明細

(単位：万円)

商品名	2015/10	2015/11	増減
A商品	100	400	300
B商品	50	50	0
C商品	150	100	(50)
合計	300	550	250

■図6　売上総利益率の分析資料

(単位：万円)

商品名	2015/10			
	売上	売上原価	売上総利益	売上総利益率
A商品	100	40	60	60%
B商品	50	40	10	20%
C商品	150	100	50	33%
合計	300	180	120	40%

(単位：万円)

商品名	2015/11			
	売上	売上原価	売上総利益	売上総利益率
A商品	400	160	240	60%
B商品	50	40	10	20%
C商品	100	75	25	25%
合計	550	275	275	50%

> （1）売上金額の分析
>   2015年10月の売上は300万円、11月の売上は550万円と250万円増加した。内訳としてはA商品の売上が300万円の増加、C商品の売上が50万円の減少となった。
>
> （2）売上総利益率の分析
>   2015年10月の売上総利益は120万円、11月は275万円と155万円増加した。増加理由は売上総利益率の高いA商品の売上が100万円から400万円と大きく増加したからである。これにより売上総利益率も10月の40％から11月の50％へと大きく改善した。

④ リハーサル及び説明資料の作成

月次報告会で説明する内容が決まったら、時間内に分かりやすく説明ができるようにリハーサルを行います。リハーサルを行いながら説明の順番を決め、より理解が深まるように追加資料を作成することにしました。

1 説明の順番

月次報告会で説明する内容は、貸借対照表と損益計算書の説明と、売掛金が増えた理由、売上及び売上総利益の分析です。説明の流れとしては、最初に貸借対照表と損益計算書の内容を説明することによって会社全体の数字の動きを理解してもらった上で、その後に売掛金や売上などの個別事項を説明するという構成にしました。

2 追加資料の作成

売上について説明する部分は表だけでは分かりにくかったため、図7のような商品構成比のグラフを付け加えて説明することにしました。

■図7　売上構成比

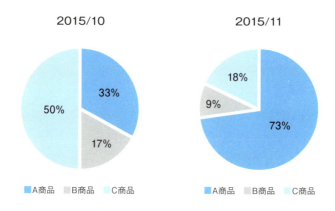

⑤ 本番

それでは、今までに準備した内容を使って月次報告会の説明を行います。

1 貸借対照表と損益計算書の説明

最初に貸借対照表の流動資産の部をご覧ください（図8）。流動資産の数字を見ると、2015年10月の1,225万円から2015年11月の1,445万円と220万円増加しています。主な内訳を見ると、普通預金の減少が100万円、売掛金の増加が350万円、商品の減少が90万円となっています。普通預金が100万円減少したのは、売掛金の回収が予定よりも150万円少なかったことなどによります。商品が90万円減少したのは、当月の売上が多かったからです。売掛金が350万円増えた理由については、後ほど売掛金明細表を使って説明します。

■図8　貸借対照表──流動資産の部

(単位：万円)

勘定コード	勘定科目	2015/10	2015/11	増減	増減率
100	小口現金	15	15	0	0%
110	普通預金	500	400	(100)	-20%
124	売掛金	350	700	350	100%
130	商品	240	150	(90)	-38%
131	前払費用	30	50	20	67%
141	未収入金	50	70	20	40%
143	仮払金	50	70	20	40%
151	貸倒引当金	(10)	(10)	0	0%
	流動資産合計	1,225	1,445	220	18%

　次に損益計算書の数字をご覧ください（図9）。売上高の数字を見ると、10月の300万円から11月の550万円と250万円増加しています。売上原価は180万円から275万円と95万円の増加となりました。その結果、売上総利益は120万円から275万円と155万円も増加し、売上総利益率が40％から50％へと大きく改善しました。売上の内訳や売上総利益率が増加した理由については、後ほど詳しく説明します。

■図9　損益計算書

(単位：万円)

勘定コード	勘定科目	2015/10	2015/11	増減	増減率
200	売上高合計	300	550	250	83%
220	売上原価合計	180	275	95	53%
240	売上総利益	120	275	155	129%
	売上総利益率	40%	50%		

2 個別事項の説明

それでは次は、売掛金残高の内訳について説明します（図10）。

■図10 売掛金明細表

(単位：万円)

相手先	2015/10	2015/11	増減
G社	150	300	150
H社	50	150	100
X社	100	150	50
Y社	50	50	0
Z社	0	50	50
合計	350	700	350

10月の売掛金残高が350万円、11月の売掛金残高が700万円と1カ月で350万円増加しました。増減内訳を見ると、G社が150万円、H社が100万円、X社が50万円、Z社が50万円の増加となっています。G社、Y社、Z社については個別に報告事項がありますので、順番に説明していきます。

最初にG社の説明をします。2015年10月末までに販売した商品の中で100万円分について、当社の出荷数量とG社の検収数量に差異が生じていたため、当月分の支払が保留となりました。この問題は現在解決しており、商品代金の100万円は12月末までには全額支払われる予定です。

次にY社の説明をします。2015年10月末の売掛金50万円は11月末に回収予定でしたが、資金繰りの悪化により支払を伸ばして欲しいとの要請があり、回収が滞っています。現在、商品の出荷を停止しており、資金の回収方法についてY社と話し合いを行っているところです。また、Z社ですが、こちらは新規顧客であり、11月に初売上の50万円が上がっています。

それでは最後に売上の内訳と売上総利益率が増加した理由を説明します（図11）。売上金額は、10月の300万円から11月の550万円と250万円増加し

■図11 売上内訳及び利益率の説明

1．売上金額の内訳

(単位：万円)

商品名	2015/10	2015/11	増減
A商品	100	400	300
B商品	50	50	0
C商品	150	100	(50)
合計	300	550	250

2．売上構成比

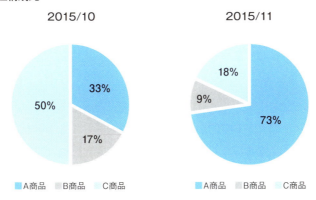

3．売上総利益率の分析

(単位：万円)

商品名	2015/10			
	売上	売上原価	売上総利益	売上総利益率
A商品	100	40	60	60%
B商品	50	40	10	20%
C商品	150	100	50	33%
合計	300	180	120	40%

(単位：万円)

商品名	2015/11			
	売上	売上原価	売上総利益	売上総利益率
A商品	400	160	240	60%
B商品	50	40	10	20%
C商品	100	75	25	25%
合計	550	275	275	50%

ています。内訳としてはA商品の売上が300万円の増加、C商品の売上が50万円の減少となっています。また、売上総利益率が40％から50％へと伸びたのは、利益率の高いA商品の売上構成比が10月の33％から11月の73％へと大きく伸びたことによります。

　次は売上総利益の数字をご覧ください。10月の売上総利益は120万円、11月は275万円と155万円増加しました。内訳としては、A商品が60万円から240万円と180万円の増加、B商品は10万円のまま変わらず、C商品は50万円から25万円と25万円減少してしまいました。また、C商品個別の利益率は先方からの値引き要請により33％から25％に減少しています。

＊　＊　＊

　ケーススタディを使って月次決算の説明方法を紹介しましたが、雰囲気をつかんでいただけたでしょうか。人の注目が集まるのは数字が大きく動いたところです。最初に増減分析を行いながら数字のチェックと説明ポイントの抽出を行い、説明内容の裏付け、説明資料の作成の順番で準備を進めていきます。準備が完了したら、本番です。最初はなかなかうまくいかないと思いますが、経営者の表情や言動に注意しながら説明方法を工夫すれば、最後には必ず分かりやすい説明ができるようになります。

3 有名企業のIR資料分析

　上場企業のWebサイトを見ると、各社工夫をこらしながら投資家や利害関係者に必要な情報を伝えています。そこで、最後はメッセージの伝え方が上手な5社のIR（Investor Relations）資料を紹介しながら、注目すべきポイントを解説したいと思います。

---

① ソフトバンク──シンプルなスライドでストーリーを伝える
② 楽天──英語での情報発信に力を入れる
③ 任天堂──内容をテキストで丁寧に説明する
④ リクルート
　　──分かりやすい図を使ってビジネスモデルを説明する
⑤ ローソン──統合報告書で企業価値創造サイクルを説明する

---

① ソフトバンク──シンプルなスライドでストーリーを伝える

　ソフトバンクの決算説明会は、孫正義社長のソフトで熱い語り口と、とてもシンプルで分かりやすいプレゼン資料に特徴があります。多くの企業の決算説明会はプレゼン資料に記載された情報を口頭で説明するという形ですが、ソフトバンクの決算説明会では孫社長が語るストーリーの中の重要な部分を視覚的にも印象づけるという形でプレゼン資料が作られています（図1）。

　孫社長は決算説明会でモバイル事業の営業利益について説明するときに、「ボーダフォンジャパンの買収を行って9年がたち、9年間で9倍の営業利益となりました。この事業を買収するときには多くの人から、『なぜソフトバンクが成熟した携帯電話事業に参入するのか』という質問を受けました。私から見ればモバイルインターネットの始まりの始まりであると。したがって、成熟した携帯電話の会社を買収するのではなく、これから始まるモバイルインターネットの事業に参入するんだ」というように、単なる数字を説明するだけではなく、自らの事業にかける想いを熱く語ることによって聴衆を引き込むプレゼンをしています。

　そして、モバイル事業が順調な理由として、スマホの新規獲得数が順調に増加していると説明しています（図2）。ソフトバンクのプレゼン資料は伝えたいメッセージを分かりやすく伝えることに重点を置いており、細かい数字は一緒に配布される決算短信や決算データシートに記載されています。孫社長のプレゼンはIRページから動画で見ることができますので、興味のある方はご覧になってみてください。

ソフトバンク－企業・IR
http://www.softbank.jp/corp/

■図1　営業利益の推移

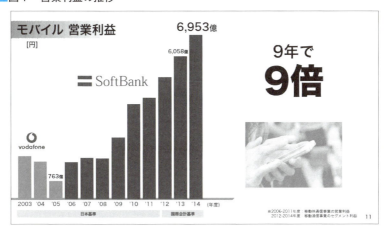

■図2　スマホ新規獲得数

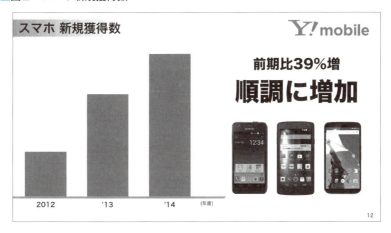

(図1、図2とも2015年3月期決算説明会資料より)

② 楽天──英語での情報発信に力を入れる

2012年7月より社内公用語を英語にした楽天は、英語での情報発信に力を入れています。2015年度第1四半期の決算説明会では業績説明に先立って、楽天全社員のTOEIC平均スコアが目標としていた800点を超えたと発表しました（図1）。社内公用語の英語化により外国籍エンジニアの採用や海外展開において知識・ノウハウの共有に役立ったとのことです。

楽天の決算説明会は最初に説明部分を動画で流し、その後三木谷浩史社長が英語でプレゼンをするという形で行われています。楽天の決算説明会は日本語と英語の動画で見ることができ、プレゼン資料も日本語と英語の2種類があります。ビジネスで使える英語を身につけたい方は、図2と図3のように日本語と英語の資料を見比べながら学ぶと上達が早いと思います。

楽天－投資家情報（日本語）　http://corp.rakuten.co.jp/investors/
楽天－投資家情報（英語）　http://global.rakuten.com/corp/investors/

■図1　TOEICスコアの推移

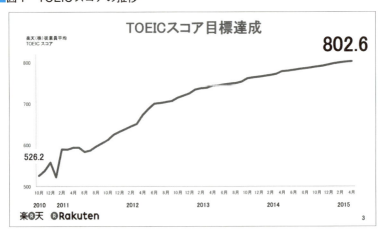

■図2　日本語

楽天モバイル

- 「楽天カフェ」での申込受付開始、端末ラインナップの追加、業界最安水準のデータSIMの提供開始等により、Q1/15において新規利用者数が大幅増

月額利用料　　　　　　　（単位：円）

	ベーシック	3.1GB パック	5GB パック	10GB パック
通話SIM	1,250	1,600	2,150	2,960
New! データSIM+SMS	645	1,020	1,570	2,380
New! データSIM	525	900	1,450	2,260

＊2015年5月7日時点

楽⓿天　⓿Rakuten

■図3　英語

Rakuten Mobile

- Opening of Rakuten Mobile counter in Rakuten Cafe, introduction of new device line-up, and start of data SIM service drove significant growth of new users.

Monthly Fee　　　　　　　（JPY）

	Basic Plan	3.1GB Plan	5GB Plan	10GB Plan
Voice SIM	1,250	1,600	2,150	2,960
New! Data SIM + SMS	645	1,020	1,570	2,380
New! Data SIM	525	900	1,450	2,260

＊As of 7th May, 2015

楽⓿天　⓿Rakuten

（図1～図3：2015年度第1四半期決算説明会資料より）

③ 任天堂──内容をテキストで丁寧に説明する

　多くの企業では決算説明会で使用したパワーポイントの資料をダウンロードできるようになっていますが、パワーポイントの資料だけでは詳しい内容は分かりません。任天堂はパワーポイントの資料だけではなく、決算説明会や経営方針説明会などの内容をすべてテキストで書き起こし、丁寧に説明しています（図1）。任天堂の決算説明会もソフトバンクのようにストーリーを中心に進んでいきますので、とても興味深く見ることができます。

任天堂－株主・投資家向け情報
http://www.nintendo.co.jp/ir/index.html

■図1　株式会社任天堂　株式会社ディー・エヌ・エー
　　　 業務・資本提携共同記者発表

（http://www.nintendo.co.jp/corporate/release/2015/150317/index.html より引用）

④ リクルート
——分かりやすい図を使ってビジネスモデルを説明する

　事業領域が広がれば広がるほど、その会社が行っているビジネスモデルを説明するのは難しくなってきます。リクルートという会社は、結婚情報の「ゼクシィ」、宿・ホテル予約サイトの「じゃらん」、グルメ情報の「HOT PEPPER」、就職・転職情報の「リクナビ」「リクナビNEXT」などの情報提供を行ったり、リクルートスタッフィング、スタッフサービスが人材派遣事業を行っています。一つ一つの事業はイメージできると思いますが、全体としてはどのような戦略でビジネスを行っているかが分かりにくい会社です。

　リクルートのウェブサイトを見ると、リクルートの事業構造が図を使って一目で分かるように説明されています（図1）（図2）。また、事業構造の紹介だけではなく決算説明会の資料も、とても分かりやすく作られていますので、図の上手な使い方を知りたい方はご覧になってください。

事業構造紹介ページ
http://www.recruit.jp/company/about/structure.html

リクルート‐投資家情報
http://www.recruit.jp/ir/

■図1　リクルートの事業構造1

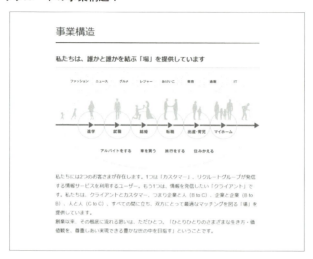

■図2　リクルートの事業構造2

（図1、図2ともhttp://www.recruit.jp/company/about/structure.htmlより引用）

⑤ ローソン──統合報告書で企業価値創造サイクルを説明する

　最後は、日本ではあまりなじみがありませんが、現在ヨーロッパで注目されている統合報告書について説明したいと思います。企業は投資家の意思決定に役立つ情報として、アニュアルレポートやCSRレポートなどの大量の情報を提供するようになりました。企業が発信する情報が増えれば増えるほど、どの情報が投資判断に役立つのかが分かりにくくなってきます。そこで、投資家は企業に対して企業価値を増加させる要因を簡潔に説明することを要求するようになりました。

　その期待に応えるために企業は、厳選された財務情報と非財務情報を使って、企業の価値創造過程を分かりやすく説明する統合報告書を作成するようになり、日本ではローソン、武田薬品工業、三菱商事、オムロンなどが作成しています。その中でもローソンの統合報告書は「私たちは"みんなと暮らすマチ"を幸せにします。」という企業理念に基づき、地域社会のニーズに応えながら企業価値を向上させている様子を分かりやすく説明していますので、興味のある方はご覧になってください。

ローソン－IR（株主・投資家情報）
http://www.lawson.co.jp/company/ir/

■図1　企業価値創造サイクル

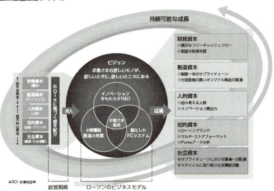

（ローソン統合報告書2014より）

あとがき
木を見て森を見る技術

　私がPwCで学んだことの中で一番役に立っているのは、個別の情報である「木」と情報の全体像である「森」を見比べながら、目的達成に向かって情報を整理していく技術です。複雑なエクセルファイルを作る時には構成図を作成しますし、パワーポイントで資料を作成するときやワードで原稿を書くときにも構成図や箇条書き（目次）を使って内容をまとめていきます。また、情報をツリー状にまとめておくと情報の修正も簡単にでき、本書の執筆にもとても役立ちました。

　本書は当初、「経理作業を効率化するエクセル技術」というコンセプトで企画が通ったため、図1のような構成で原稿を書き上げました。原稿を編集者や若手社会人に読んでいただいたところ、「見やすく使いやすいエクセルファイルを作ることによって、情報共有のストレスを減らそうという視点が面白い」という意見が多かったため、本書のコンセプトを「経理作業を効率化するエクセル技術」から「オフィスワーカーの情報共有に役立つエクセル技術」に変更することになりました。

　原稿を修正するときに最初に行ったのは、「森」の部分である全体の構成に手を入れることでした（図2）。企画案では「センスを感じさせるExcelの技術」と「キャリアアップにつながる説明の技術」という2部構成でした

が、修正案では「センスを感じさせるExcelの技術」の部分を「ミスを少なく仕事を早く終わらせるExcelの技術」と「センスを感じさせる資料作成の技術」の2つに分けることによって、より分かりやすい構成にしました。

■図1　企画案

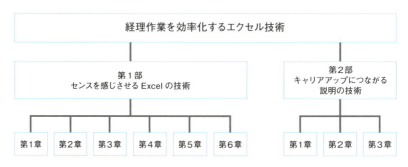

■図2　修正案

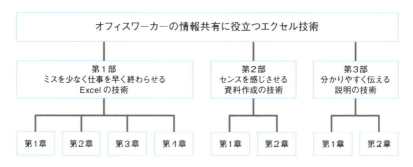

　また、内容面としては「経営者、会計士、銀行マンに対する決算書説明のポイント」や「ピボットテーブルを使って仕訳データから元帳を作る」というような経理社員を対象とした文章を削除し、「コミュニケーションが難しくなった理由」「アカウンティングファームの情報共有術」などの情報共有や伝えるための技術について説明する文章を増やしました。全体の構成が決まった時点で、細かい部分の修正にとりかかりました。

分かりやすく伝えるために大切なのは、構成という「森」の部分と、一つ一つの文章という「木」の部分を見比べながら修正を何度も繰り返すことです。私は文章をある程度書いた時点で、ワードの目次機能を使って全体の構成を確認します。全体の構成を確認しながら、章や項のタイトルや一つ一つの文章を修正していきます。このような作業を何度も繰り返しながら「木」と「森」を少しずつ整えていき、バランスの取れた分かりやすい文章を作り上げていきます。

　大量の資料を作成していく中で感じたことは、エクセルと説明の技術の本質は同じだということです。どちらも個別の情報である「木」と情報の全体像である「森」を見比べながら、目的を達成するために情報を整理していきます。私は、情報を整理して分かりやすく伝えるセンスは、基本を大切にしながらトレーニングを繰り返すことによって身につくと考えています。本書で説明したエクセルと説明の技術は基本的なものばかりですが、これらの技術がみなさまのセンスの向上につながれば嬉しく思います。

　それでは最後にスペシャルサンクスです。渡辺高子さん、野中僚太さん、太田尚吾さん、福田夏生さん、川元崇裕さん、小池殊央さん、井澤麻美さん、三木孝則さん、出版プロデューサーの今屋理香さん、編集者の鶴田寛之さん、デザイナーの轡田昭彦・坪井朋子さん、みなさまのアドバイスがなければこの本を完成することはできませんでした。最後に、この本を読んでくださったみなさまに、感謝を込めて筆を置きたいと思います。

2015年11月

望月　実／花房幸範

■望月 実（もちづき・みのる）

1972年愛知県名古屋市生まれ。立教大学卒業後、青山監査法人（現PwCあらた監査法人）に入社。監査、株式公開業務、会計コンサルティング等を担当。2002年に独立し、望月公認会計士事務所を設立。複雑な内容を図や表を使いながら分かりやすく説明するテクニックには定評があり、多くの経営者やビジネスパーソンの支持を集める。現在は、就活やキャリアアップにおいて「数字センス」で状況を切り開いていく方法を伝えることをミッションとして、日本人を数字に強くするための活動を精力的に展開。

著書に、『数字とストーリーでわかるあの会社のビジョンと戦略　ビジネスモデル分析術』『同2』『最小の努力で概略をつかむ！ IFRS決算書速読解術』『内定をもらえる人の会社研究術』『就活の新常識！学生のうちに知っておきたい会計』『有価証券報告書を使った決算書速読術』『最小限の数字でビジネスを見抜く決算書分析術』『内向型人間のための伝える技術』（以上CCCメディアハウス）、『いいことが起こり続ける数字の習慣』（総合法令出版）、『数字は語る』（日本経済新聞出版社）、『問題は「数字センス」で8割解決する』（技術評論社）、『部下には数字で指示を出せ』『課長の会計力』『会計のトリセツ』『会計を使って経済ニュースの謎を解く』（以上日本実業出版社）がある。
Webサイト「アカウンティング・インテリジェンス」　http://ac-intelligence.jp/

■花房幸範（はなふさ・ゆきのり）

1975年鳥取県鳥取市生まれ。中央大学商学部卒業後、青山監査法人（現PwCあらた監査法人）入社。監査業務の他、株式公開、デューデリジェンス業務等に携わる。その後、投資会社にて財務経理部長として国際会計基準によるレポーティング、IPO準備、M&A、資金調達業務等に従事。現在は、幅広い経験を活かして、会計コンサルタントとして企業の経営を多方面でサポートする他、役員としても各種企業をサポートする。特に監査人と事業会社の両方を理解できる会計コンサルタントとしての立場から、バランスに配慮した調整・アドバイス業務を行う。みずほ総研にて「Excelテクニックとともに学ぶ、効率的・効果的なExcel経理資料の作り方」、「作業が効率化する、知っていると便利なExcelの使い方」等Excel関連のセミナーをはじめ、各種セミナー講師も多数務める。

著書に、『数字とストーリーでわかるあの会社のビジョンと戦略ビジネスモデル分析術』『同2』『最小の努力で概略をつかむ！ IFRS決算書速読解術』『内定をもらえる人の会社研究術』『就活の新常識！学生のうちに知っておきたい会計』『有価証券報告書を使った決算書速読術』『最小限の数字でビジネスを見抜く決算書分析術』（以上CCCメディアハウス）がある。